Planetas

Y

Realidades

El arcángel Seraphim

En conversaciones y viajes con Illia y Osiris

Ingrid Illia Haugerud

Corrección de textos del idioma:

Carolina Ríos Pizarro

Queridos lectores, he emprendido un viaje muy emocionante con mis almas en la creación de este libro.

Es mi alma-corazón Arcángel Seraphim, ángel protector de los musulmanes, con la que converso en la mayor parte del libro. Osiris que es mi alma y tarea de mi vida está también y transforma donde se necesita.

Osiris es un maestro del planeta Sirio, que me envía en misiones alrededor de nuestro planeta. Me ayuda a hacer la unidad de nuevo en la naturaleza, dice que yo: "dejo que la naturaleza se sienta vista", al mismo tiempo Osiris crea líneas que mantienen la tierra en su posición oval en el universo.

Osiris dice que todos los universos están en constante desarrollo y crecimiento, pero como hemos olvidado que somos grandes almas y nos hemos perdido en los deseos del ego, se necesita crear estas líneas para que logremos despertar antes de que la tierra se aleje demasiado del sol y el frío domine este hermoso planeta

Del libro "Osiris libro I". Publicado en 2022.

Este libro es el más emocionante que he canalizado hasta ahora. Los viajes a los que me llevaron mientras se hacía este libro fueron mágicos. Es muy interesante experimentar otros planetas y realidades, aunque sólo es con la conciencia donde se realiza el viaje. El mero hecho de ver otros tipos de almas y cuerpos alienígenas y diferentes seres en sus planetas es algo increíble.

He elegido poner con **negrita las palabras de mis almas,** mientras que la normal es mía.

Todo lo que he recibido en las conversaciones con mis almas está directamente escrito sin cambiar nada. Ellos me lo han pedido, y así podéis sentir la energía que hay en sus palabras.

La canalización se hace cuando grabo las conversaciones que tenemos en mi teléfono y las escribo en libros.

Te deseo un viaje mágico mientras te sumerges en el universo de planetas y realidades.

Planetas y realidades

SIRIUS

Nasa

Dice Seraphim:
Cuando se creó la Tierra, ya habíamos vivido muchas
vidas en otros planetas y realidades.

La Tierra es un hermoso planeta viviente, en un nivel
completamente diferente al que estábamos
acostumbrados.
Vivíamos en ser amor puro en lo infinito, en todas las
realidades y planetas. Así que nos pusimos muy

curiosos sobre cómo era vivir en este planeta. La mayoría de los planetas tienen una forma de vida etérea. Nosotros flotamos en una masa como la que experimentaste Illia, cuando viajaste con tu alma de tarea de vida Osiris a Sirio.

Lo que experimenté allí fue que todo el mundo tenía una especie de cuerpo energético, que flotaba o flotaba en una masa no física como el aire, pero con más sustancia que el aire.
Casi como agua etérea de color azul claro. A Sirio se le llama el planeta azul.

Esa es una buena explicación Illia, pero había una masa de amor azul en la que estábamos flotando allí en el planeta Sirio.

¿Cómo se puede vivir en una realidad así?
No hay alimentación, no sentí que la energía en la que flotaban era algo que consumían...

No, no necesitan ningún alimento en esa realidad, porque todo el alimento está dentro del cuerpo.

La energía del cuerpo les proporciona todo lo que necesitan.

Puedo entender que se aburran después de un tiempo, ¿qué tipo de desarrollo hay en ese planeta?

Es un crecimiento en comprensión de otro estado distinto en la dimensión celestial del amor.

¿Entonces si quieren experimentar algo nuevo, viajan a diferentes planetas y realidades?

Así es, querida..

Entonces, ¿cuántos planetas y realidades hay, con alguna forma de vida/conciencia?

Todos los planetas tienen una posibilidad de desarrollo para nosotros.

¿Qué pasa con esa realidad entonces? ¿Es la energía la que hace posible vivir esa realidad?

Lo es, todo en los diferentes planetas son diferentes realidades para experimentar.

¿Qué son entonces las dimensiones?

Ahora nos acercamos a algo importante querida Illia.

¿Qué quieres decir con eso?

Si, porque las dimensiones son completamente diferentes a los planetas y realidades.

¿Qué son las dimensiones, entonces?

Son vivencias de luz en diferentes espectros.

Ahora, no entiendo bien . Entonces también hay vivencias de luz en diferentes espectros en todos los planetas y realidades?

No, esto está en un nivel completamente diferente. Son vivencias sin ninguna forma de cuerpo, sólo la conciencia viaja en las dimensiones.

Entonces, ¿cómo se viaja?

Viajamos con nuestra imaginación, eso es viajar en las dimensiones.

¿Esto no lo entiendo bien?

Cuando somos niños, viajamos a las dimensiones todo el tiempo.
Esos portales que viste cuando eras una niña joven Illia eran puertas a otras dimensiones a las que podías viajar.

Te refieres a lo que Osiris dijo, que tuvieron que asustarme. Si no, me habría alejado completamente de mi cuerpo y me habría muerto.

Eso es, querida. Tenías tantas ganas de volver a casa, porque tú no olvidaste el vivir en el paraíso, como otros niños lo hicieron.
Por eso tuvimos que asustarte para que te sintieras tensa y tuvieras miedo a lo espiritual.
Así, para que te quedaras aquí a cumplieras la misión de tu vida.

Ahora lo entiendo. Así es que esas son las dimensiones, nuestros viajes interiores.

Eso es querida, pero no es de eso de lo que vamos a hablar hoy. Hoy voy a compartir contigo y con todos los demás de la Tierra sobre la sustancia y las realidades de los diferentes planetas.

Que emocionante, no puedo esperar.
¿Por cual planeta quieres empezar?

**Bueno, ya he hablado de Sirio y me gustaría continuar con eso.
Sirio es el último planeta al que vamos antes de la Tierra, pero hemos viajado por la mayoría.
Empezaré por Sirio y luego iré hacia atrás.**

Bien, ¿qué más puedes contarnos sobre Sirio?

Sirio es una experiencia muy hermosa, es amor de color azul claro que te envuelve entera, esto hizo que nuestros corazones se abrieran de una manera nueva.

Una nueva forma de prepararse para el viaje a la Tierra.

¿Qué se siente al estar allí?

Se siente como si fueras una farola iluminada, con una sensación de reverencia y felicidad fluyendo a través de todo el ser etéreo constantemente.

¿Cómo puedes explicárnoslo, con qué puedes compararlo cuando estás en el cuerpo físico? ¿Es lo mismo que siento a veces cuando canalizas? ¿Una forma de elevarse con ligereza y alegría, como flotando, y da una sensación de reverencia?

Es así, pero mucho más fuerte cuando estás sin las limitaciones físicas de tu cuerpo.
Estar en un cuerpo físico es pesado, la gravedad atrae todo hacia la tierra. Así es que todos los sentimientos que estaban flotando desaparecieron cuando venimos a la Tierra.
Cuando estamos en Sirio todo se vive en una especie de unidad con los demás, una experiencia de sentimientos en comunidad.

Realmente no somos almas individuales, pero seguimos teniendo nuestras propias experiencias de estados de ánimo basadas en quiénes fuimos antes de llegar allí. Así es que si vienes de una realidad primitiva, tu experiencia será muy diferente.

Entonces, ¿cómo lo viviremos cuando volvamos a casa, a Sirio?

Sentirás un alivio de las dimensiones que se liberarán en tu campo energético.

¿Cuándo podemos esperar volver a Sirio?

No es tiempo para hablar de eso ahora, porque les queda mucho camino por recorrer antes de volver allí. Y si realmente quieren volver allí?

¿Qué quieres decir con un largo camino por recorrer?

Todavía son demasiado primitivos aquí en la Tierra. Todavía se comen a la familia y amigos, solamente en otro tipo de cuerpos.

Para desarrollarte más como ser humano, necesitas ver todo como tu familia y valorar todo tanto como a ti mismo.

Sólo entonces habrá paraíso en la Tierra, y estarás preparado para un mayor desarrollo en otros planetas y realidades.

Entonces, ¿qué podemos hacer para que nos resulte más fácil el cambio a otros alimentos?

Puedes empezar a comer lo que te gusta.

A algunas personas les encantan las cosas dulces, así que come fruta, bayas, frutos secos y semillas. Los regalos de la madre tierra.

Después, sustituyen gradualmente cada vez más comidas por los alimentos vivos, comidas que no exploten ni molesten a otros seres.

¿Así es que nos dan la oportunidad de una transición suave?

Sí, la necesitáis, lleváis tanto tiempo comiendo alimentos tan primitivos que necesitáis una larga transición hacia alimentos más ligeros.

Sólo entonces podréis vivir en un plano superior, no sólo la vida física sino también la espiritual, con una energía superior en vuestros cuerpos.

Entonces, ¿tenemos que aceptar más vidas aquí en la Tierra?

Unos pocos y algunos necesitan muchas vidas aquí para despertar.
Por eso es muy importante salvar la tierra en la que vivimos. De lo contrario, mucha gente se perderá en la oscuridad y el alma dejará de desarrollarse, porque le falta una parte de su conciencia.

Si. Ahora me doy cuenta de lo importante que es la tarea de mi vida.

Es una tarea muy importante la que tienes, Illia, y la haces con brillantez.

Gracias querido Seraphim.

El universo entero te da las gracias Illia por elegir el camino de tu alma.

¿Cómo puedo lograr integrar ese sentimiento en mi ser? Es un regalo tan grande que no sé si podré llevarlo.

(Cuando se siente muy fuerte, sólo quiero escaparme de toda la vivencia).
¿Entiendes por qué quiero escapar? Quizá sea porque siempre me he sentido más abajo que los demás debido a mi pequeño cuerpo de 143 cm.

Sí querida, te veías inferior a todos los demás. Sólo porque eras diferente, pero no sólo a nivel físico. Recuerda illia, que tu siempre has estado en la vida espiritual. Eso también te hizo sentir fuera de lo normal.
Así, hay una relación aquí en esto, porque no queríamos que te despertaras demasiado temprano. Si lo hubieras hecho, probablemente habrías terminado en un hospital como un ser humano de experimento.. Porque quieren encontrar causas físicas para todo, aunque sólo una muy pequeña parte de nosotros es física.

La mayoría de los médicos sólo creen en este cuerpo físico, como lo único que es nuestro cuerpo. Pero no pueden ver el cuerpo-pensamiento y el cuerposentimiento, que forman parte de su aura. Por lo tanto, los médicos sólo trabajan con una pequeña parte del cuerpo en lugar de todo el cuerpo. Y la mayoría de las partes del cuerpo están en el cuerpo invisible, el campo de energía.

Sí, estoy deseando que los médicos empiecen a examinar nuestros cuerpos energéticos.

Sí, puede ser una investigación muy apasionante para los médicos recién titulados en el futuro.

Sí, me disculpo por haberte sacado del tema.

Está bien, Illia, te hablaré del planeta en el que estuviste antes de Sirio.

JUPITER

El planeta Júpiter es un planeta mágico, donde la realidad es muy especial. Allí estamos completamente ingrávidos en una forma de energía de la que todos formamos parte. En otras palabras, no hay cuerpos separados.

¿Cómo se vive con alma propia pero sin cuerpo?

Es una realidad como masa.

¿Masa?

Sí, Illia. Como una masa compuesta de hidrógeno y plutonio. No nos permite mantener distancia, porque nos atrae una fuerza especial.
Esta fuerza se llama fuerza atómica, que es una fuerte fuerza de los átomos que construye un todo. Y nosotros pasamos a formar parte de este todo.

¿Qué se siente, y cómo se siente el estar ahí?

Se siente como estar en una turbina de viento.

¿Qué quieres decir con turbina de viento, hace viento?

No hace viento, pero somos absorbidos en una masa. Y eso nos hace sentir uno con todo, pero con conciencia separada.

No entiendo esto yo, no hay sentimientos?

No.

Entonces, ¿por qué van ahí?

Es una etapa en la que tenemos que aprender el no tener forma.
Es donde desarrollamos el sentido de concordancia sin cuerpo, pero con nuestra propia conciencia. Es la última etapa antes de salir de la entidad.
¿Hay amor ahí?

Siempre estamos en el amor, no importa en qué planeta estemos. Es la energía del amor, el principio universal que lo ha creado todo.

Sí, me había olvidado.
¿Aprenden algo allí, o es sólo un lugar de transición, antes de ser una sustancia separada?

No, hay varios planetas donde no tenemos sustancia, pero éste es el penúltimo en nuestro camino hacia la Tierra.
Necesitamos ese desarrollo antes de Sirio y la Tierra. Allí nos familiarizaremos con las fuerzas que encontraremos en Sirio.

¿Así que todo es una evolución a partir de ser simplemente amor, sustancia y luz, y luego evolucionamos más hacia un conocimiento y una sustancia cada vez mayores?

Es así illia. Pasamos de ser parte de una luz, de la que siempre seremos parte. A experimentar muchas formas de cuerpos de luz.
Trabajamos con nuestras referencias, para poder obtener todo el conocimiento sobre la energía.

¿En cuántos planetas hemos estado antes de éste?

Miles.

¿Miles? ¿Así que no hemos hecho más que viajar de planeta en planeta durante miles de vidas?

No, ha sido un viaje mágico el vivir todas esas realidades.

¿Es esto algo necesario para el desarrollo del alma o es sólo curiosidad?

Una mezcla, querida. No necesitamos viajar a ninguna parte, pero hay tantas cosas tan interesantes que se pueden vivir. Así es que nos hemos convertido en viajeros a realidades hasta que estemos conformes. Entonces después volvemos a ser parte de la luz divina del amor, uno con todo y en todo.
Donde podemos convertirnos en el aire que respiras y el agua que bebes. Incluso parte de tu sangre que fluye por tus venas.

Parece una locura, pero ya he visto lo pequeño que se puede llegar a ser.

Oh, podemos llegar a ser tan pequeños como moléculas o átomos, según lo que se quiera aprender.

Suena emocionante.

Lo es, muy emocionante.
Imagina Illia, cuando llegues a una realidad/planeta donde realmente tu tarea es estar manteniendo unido al planeta. Como parte de la estructura molecular del planeta.

Guau, ¿es eso realmente posible?

Todo es posible querida, es sólo tu imaginación la que limita las realidades que puedes experimentar.

No sé si lo encuentro tan interesante pero, ¿quizás lo sea a medida que yo me vaya desarrollando?

Si tal vez, y otras posibilidades. No todo el mundo quiere saber y vivir sobre la estructura de los planetas, pero en realidad es emocionante. Imagínate que tenemos que trabajar juntos para mantener todo en perfecta armonía.

A mí me da miedo eso. ¿Y si una o más personas se"
cansan de la tarea, se colapsará el planeta?

No, Illia, es imposible que eso ocurra.
Se crea cierta disonancia sí, pero el planeta no se
colapsa.

Es bueno oírlo.

Bien, cariño, de vuelta a nuestros planetas otra vez.
Osiris cuenta:
Comienza con el gran planeta Júpiter, donde hay una
atmósfera muy especial.
Esta compuesto de gases que son pesados, casi físicos.
La estructura es ligera pero visible a los ojos físicos
como una masa azul-púrpura.
Como viste en Sirio Illia, allá había una masa azul
clara parecida al éter.
En Júpiter, no comemos, sino que estamos en una
masa nutritiva.

¿Qué tipo de vida es esa?

Allí viven en cierto modo como abejas sin miel, porque flotan en la miel.

Me parece extraño.

Es una realidad extraña Illia, sólo usamos nuestros cuerpos en una realidad virtual.
De niños, viajamos en una realidad con ángeles, dragones, volamos en pájaros y cabalgamos en leones.
Es la misma forma en que ellos viven allí.

Entonces, ¿el cuerpo está inactivo o no tienen cuerpo?

No tienen cuerpo, porque es una realidad visual en la que viven sin necesidad de cuerpo.
Están en unidad con todo, todo el tiempo, pero viajan individualmente.
Es como viajar con la imaginación, pero es una visualización importante que les permite desarrollarse.

¿En el nivel del alma?

Sí, en todos los niveles, ahí aprenden sobre los cuerpos físicos sobre que necesitan aprender antes de seguir y quizá acaben en el planeta Tierra algún día.

¿Así es que se educan creando en su imaginación lo que quieren vivir?

Así es.

Pero, ¿qué tipo de películas son las qué crean, son diferentes de las que hacemos nosotros?

Sí, muy diferentes.

¿Cómo entonces Osiris, puedes explicarme mejor?

Lo trataré a ver si puedes entenderlo.
Bien, flotan en una energía de causa y efecto que ellos mismos crean, para experimentar lo que crea las energías contrarias.

¿Entonces es un desarrollo de las energías?

Es un desarrollo de la comprensión de lo que crea la energía, y sus diversos efectos en los pensamientos y sentimientos.

Vaya, ¿así es que pueden sentir sentimientos y pensamientos?

Si, lo necesitan para poder aprender lo que crean de sentimientos y pensamientos, de sus creaciones.

¿Crea karma, o es sólo un juego sin causa?

Es un juego con causa, donde aprenden a entender cómo los humanos influyen en sus propios pensamientos cuando los crean.

¿Pensé que eso es lo que hacemos en la tierra?

Sí, pero en un plano completamente diferente, el plano de la revelación.

¿Te refieres a las experiencias que he tenido de revelaciones de naturaleza espiritual?

Sí, pero aún más específicas, más en el plano de la química y la fisiología.

¿Qué quieres decir ahora, Osiris?

Quiero decir que practican el libre albedrío, para crear lo que quieren sin que después les pese.

Suena sencillo, Osiris.

No es sencillo, pero lo practican, igual que tú practicas el teletransporte.

Vale, ¿entonces están practicando conocer la física creando experiencias que afectan al cuerpo?

Ahí comprendiste Illia. No creí que pudieras hacerlo.

Fuiste tú quien me dio la comprensión, querido, porque somos uno.
Me cansé mucho en esta canalización, Me exije mucha concentración.

Así es querida, así que tómalo con calma, no tenemos prisa con esto.

22-10-2020
¿Qué te gustaría contarnos sobre Júpiter Seraphim?

Júpiter es un lugar mágico, querida. Allí experimentan cómo tu fantasía crea en un segundo todo lo que ves delante de ti.

Vaya, qué emocionante.

Sí, de lo contrario no habríamos ido allí. Nosotros sentimos curiosidad por todo lo que se mueve en el universo.
Imagínate mirando hacia abajo un planeta que a nuestros ojos es rojo. Sientes las energías y de que se trata de una energía interesante, y quieres vivirla . Así es como viajamos constantemente con nuestra imaginación a otros planetas y realidades mientras estamos en Júpiter.

¿Creía que sólo visualizabas?

Sí, lo hacemos, pero la vivencia se siente completamente real.
Es lo mismo que cuando montaste en el león en febrero. Se sintió completamente real físicamente, ¿verdad?

Sí, de verdad. Era un amigo león que vino y me llevó a dar un paseo por la sabana, no, era más como un desierto. Entonces, aunque no tengas cuerpo, ¿tu imaginación funciona en un cuerpo?

Sí, cariño.

EL SOL

NASA

Sentado aquí, en el Puerto de la Cruz, Tenerife, España, me piden que escriba sobre el Sol, nuestra fuente de luz?

"En febrero de 2020 tuve contacto con el ángel del sol y es un ángel femenino, se llama Vileda".

El sol es un planeta como los demás planetas del universo.

Refleja la luz de nuestro planeta Tierra.

¿Qué quieres decir con que refleja nuestra luz?

Es una fuente de calor que refleja todo el calor de vuelta a la Tierra, de donde procede el calor.

Si no lo entiendo, ¿está diciendo que el sol no tiene calor propio?

Así es, es un reflector como una célula solar. Que nos envía la electricidad con sus reflectores, de vuelta para mantener el calor constante en la tierra. De lo contrario todo se congelaría en cuanto el sol pasara por nuestro lado de la tierra.
Esto no ocurre, ¡pero nadie ha pensado por qué no se congela toda la Tierra por la noche!

¿Pero hablan de tormentas solares y de fuego expulsado por el sol? ¿Cómo puede hacer eso sin su propio calor? Está completamente al rojo vivo.

La razón es algo completamente nuevo para la humanidad.

Está al rojo vivo y se vuelve así cuando el calor es emitido por los otros planetas que lo rodean.

¿Qué pasa con los planetas sin calor?

En un plano físico no tienen calor propio, pero hay muchos planos en los que se puede existir.

Vaya, qué emocionante, cuéntame más sobre el sol querido Seraphim.
¿Qué me dices de la aurora boreal? ¿Dicen que los colores vienen del sol?

No, no tienen otra forma de explicarlo, ya ves.

La Aurora es un regalo del planeta Tierra a las personas que viven aquí. Esta hermosa luz es para que la gente sepa que hay mucho más entre el cielo y la tierra que la vida física, los planetas físicos y toda la materia física.

Entonces deseo que podamos hacer contacto con su ángel, como he conocido a la diosa/ángel de la Luna, y todos los elementos.

Ya vendrá a todos querida, cuando ustedes mismos puedan tener contacto con los diferentes planetas o elementos aquí en la tierra.

Nos gustaría que lo buscaran ustedes mismos, entonces será la verdadera sabiduría que viene de sus guías internos.
Esa es la mejor manera de aprender, necesitan reflexionar sobre esto, para obtener las respuestas que buscan.

Entiendo eso, pero solo algunos son lo suficientemente abiertos para creer en esto Serafín. ¿Quieres decir que podrán tener este conocimiento cuando están preparados para creerlo y sólo entonces?
¿Así es que imponer sabiduría a los demás está mal?

Así es, amada, porque no será sabiduría para ellos, sino sólo muchas palabras vacías.
Así es que cuando ellos mismos te pregunten a ti o a nosotros, sólo entonces estarán listos para aprender.

Gracias querido, es importante para mí.

Supongo que tengo la tendencia de ser demasiado ansiosa en compartir la sabiduría de ustedes. Porque deseo tanto ayudarles en el viaje a su alma.

Eso está bien, pero debes saber que puede ser demasiado para ellos. Eso hace que la sabiduría se vaya al suelo. En vez de tomar la sabiduría de a poco, y solo cuando ellos pregunten mi querida.

Muy cierto, ahora me doy cuenta de que he estado demasiado preocupada de compartir la sabiduría de ustedes .
Lo siento, ahora volvamos a "El Sol".
Ese mágico orbe luminoso alrededor del cual giramos.

El Sol es una estrella que cambia, lo que significa que intercambia con energía todo lo que recibe de otros planetas.
Algunos planetas reciben energía en un plano diferente al que podemos sentir físicamente en la Tierra. Aquí, la mayoría de la gente cree que el Sol es una estrella que les proporciona calor y energía eléctrica a través de células solares El sol unaestrella magica Illia.

Como todas las demás estrellas del cielo, tiene muchas cualidades. Y la mayoría de sus cualidades son desconocidas para la mayoría de la gente. El sol puede darnos nutrición en un plan completamente diferente al que creemos.

Ahora que te encuentras en una fase de transición en tu viaje como alma Illia, el sol te da nutrición todos los días.

Nutrición para mantener el equilibrio de la estructura molecular de tu cuerpo.

No me había dado cuenta, eso es asombroso.

Pensabas que solo recibías vitamina D, y un poco de nutrición para complementar la nutrición de tus almas.

Mucho, mucho más de nuestra nutrición proviene del sol.

¿Qué tipo de nutrición?

Nutrición a un nivel muy microscópico, dentro de tus células, el sol crea equilibrio, entre los átomos y las moléculas.

Así es que hay mucho que agradecerle al sol, pero muy pocos lo hacen.

Es triste pensar en la poca gente que se preocupa por algo que no sea "recoger en graneros", como dice la expresión.

Sí, sois recolectores.
Vuestra energía recolectora real estaba destinada a que recolectarais conocimiento. Pero vuestro ego sólo piensa en satisfacer vuestros deseos físicos.
Pero, ¿y vuestro deseo de sabiduría espiritual dónde se ha ido? Bueno, ha sido totalmente ignorado, porque el ego en la mente todavía gobierna a un nivel muy primitivo, aquí en este planeta.
Este es el planeta más primitivo del universo, y el único planeta con vida física.

Como nos han dicho en nuestros libros anteriores Serafin.

Sí, y seguiremos repitiéndolo querida, para que se les grabe en vuestra conciencia como una verdad.

Ustedes han aprendido tantas cosas raras, así es que tenemos que sacarles eso y enseñarles la verdadera sabiduría.

Recuerden queridos, que hay muchos que canalizan sin estar en unidad con su alma. Entonces sabes, Illia, que ellos hablan de viejas creencias que vienen de aquellos que están fuera de estar en unidad con su alma. Así es que solo escuchen a aquellos que canalizan en el ahora y con unidad con su alma y a nadie más, de lo contrario serán llevados por el camino equivocado en la vida.

¿Quieres decir que cuando estoy en el presente/unidad, sólo los más elevados me llegan con su sabiduría?

Así es, querida.

Algo más que quieras decirnos acerca del sol/Vileda?

Quiero compartir con vosotros una experiencia, que puede haceros comprender mejor lo importante que es el sol para todo en la tierra.

Cierra los ojos e imagina un planeta donde no hay sol ni luz e imagina cómo sería vivir allí.

Vale, sin sol no hay vida, así de importante es el sol.

También en otras realidades donde nada crece, pero tienen desarrollo en otros planos.

(Entonces de repente en la conversación, entra Vileda la Diosa del Sol).
Creo que ella viene porque estamos hablando del Sol, ¿es así Seraphim?

Eso es querida, a ella le gustaría compartir contigo ahora una experiencia sobre el Sol.

Vileda el ángel del sol cuenta:
El Sol es la fuente nutritiva, que les entrega a todos los planetas que orbitan alrededor de ella/en mi todo lo que necesitan.
Recuerda, cuando hubo una erupción volcánica y el cielo se oscureció, todo se congeló y hubo una nueva

edad de hielo. Así de importante es reflejar la luz a los planetas con la ayuda del Sol.

Vileda dice entonces: "yo no soy importante por mí misma, sino como reflector". Gracias Vileda.

Querido Seraphim, ¿te gustaría hablarnos más sobre el sol?
Ayer recibí una curación de la diosa del sol Vileda. Hoy me siento diferente, pero no puedo expresar con palabras lo que me ha sucedido...

Ella te quitó tus viejas creencias sobre la vida, querida. Y lo notarás más a medida que pasen los días, que asimilas y reflejas la naturaleza y la vida a un nivel diferente.

Qué emocionante, ¿qué puede traernos realmente el Sol/Vileda?
Estamos tan acostumbrados a ver el sol sólo como una fuente de calor, pero ahora me doy cuenta de que nos afecta en más niveles de los que pensamos.
¿Cuál es el mayor beneficio de estar energizado por el sol en tu cuerpo, Seraphim?

Es, queridos, que tendréis una experiencia completamente diferente de la vida en su conjunto.

¿Eso realmente no me dice nada, querido?
¿Puedes explicarlo para que podamos entenderlo en nuestro plano físico?

Les damos energía solar para que las moléculas puedan recibir todo lo que necesitan en el alma, de el sol.
¿Nuestras moléculas necesitan esa energía?

Sí, mucho Illia. Mucho más de lo que crees, pero la Iglesia los ha engañado. Querían mantenerlos como un rebaño de ovejas, para así conservar todo el poder en la Iglesia.
Cuando estás sin la energía del sol, es mucho más fácil cansarse y deprimirse. Algunos piensan que vivir en la oscuridad está bien, pero mira a las personas que conoces y que viven y trabajan en espacios oscuros.
¿Son felices, están bien?

Suena demasiado simple.

Ya te hemos dicho que todo es mucho más sencillo de lo que crees.

Sí, pero darse cuenta de que todo puede ser tan fácil es un poco difícil. La mayoría de nosotros hemos crecido en un mundo primitivo. Así es que forma parte de nuestro entendimiento de que la vida es difícil.

Por eso es tan importante el trabajo que haces, querida.
Piensa en todos a los que has ayudado a seguir adelante, y a abrirse para tener una mayor comprensión.
Ellos tenían en su campo energético, una carga con viejas creencias anticuadas.
Así es que cuando ayudas a los muertos a despertar y convertirse en uno con su alma, estás al mismo tiempo levantando a la humanidad más y más fuera de su enredo de viejas falsedades.
Así es que sigue así querida, estás haciendo un trabajo increíble.

Oh, gracias, sí, me has dicho que es importante que elimine las viejas creencias /la desconfianza a los muertos.

Lo entiendo cada vez más a medida que voy cambiando mis propias viejas creencias. Lo que más me cuesta cambiar son mis costumbres.

Mi costumbre de huir y seguir a los demás. El formar una nueva costumbre toma tiempo.

Dicen que si haces la misma cosa durante 21 días, se graba en ti y convierte en un hábito/costumbre.

Pero me parece que hay que repetirlo muchas veces más antes de que se note en la vida diaria .

Sí, querida, sobre todo cuando llevas tantos años con esa forma de vida, lleva más tiempo acostumbrarse a nuevos hábitos/costumbres.

¿Hay alguna otra forma de aprender nuevas costumbres/habitos?

No, aquí lo más importante es la repetición. Obligarse a repetir constantemente lo que se quiere y se consigue.

Está bien, pero se me olvida . Sé lo que tengo que hacer, pero se me olvida inmediatamente.
¿Es una debilidad humana, o sólo mía?

Es un patrón humano el hacer lo que hacen los demás, el sentir que perteneces a la vida colectiva.
Pero esa costumbre es muy limitante para tu alma.
Y entonces sigue y sigue, pero sin ningún desarrollo.

Ya es hora de cambiar, ahora tienes que aprender a conocer tu propio camino. El camino para el que fuiste creado.
Todo el mundo tiene su propio y único camino en la vida, pero son increíblemente pocos los que realmente lo siguen querida.

Sí, lo sé, y espero que eso cambie pronto. La Tierra necesita que todos encontremos nuestro propio camino. Para que así juntos podamos crear una Tierra mejor para los niños y todos los demás seres vivos de este hermoso planeta.

Sí, es muy importante, querida. Por eso estamos tan agradecidos por el trabajo que haces de ayudar a los muertos a salir adelante.

Gracias, es bueno saber que estoy haciendo un buen trabajo. ¿Hay algo más que quieras decirme sobre el sol?

No, querida, ya hemos terminado con el Sol.

¿De qué planeta quieres hablarme ahora?

Ahora queremos compartir contigo sobre un planeta que ha significado mucho en la vida de los humanos.

¿Qué quieres decir con eso?

VENUS

NASA

Venus es un planeta que ustedes queden mucho.

Sí, para muchos de nosotros. Que emocionante, ¿qué puede aportarnos Venus?

Venus es un planeta muy hermoso, abundante y rico. No rico y abundante como debes pensar, sino abundante y rico en el plano energético.
La riqueza de Venus les llega en un plano muy especial. Un plano donde podéis sentir en los corazones un nuevo plano de amor. Allí están vuestras almas en hibernación en amor, antes de viajar de nuevo a la tierra.

Oh, ¿es eso lo que llamamos vida entre vidas?

Eso es querida, pensáis que estáis en algún lugar del cielo y lo estáis, pero vivís en Venus. Por eso piensan tanto en este planeta.

¿Qué tipo de cuerpo energético tenemos allí?

Estáis allí en forma de cuerpo de luz, que no necesita nada para vivir, ya que estáis flotando en la energía del amor en un plano muy elevado.

¿No lo entiendo muy bien?
Cuando vi a Knut cuidando a la chica muerta a la que ayudé, vi el parque donde el la llevó a un banco.

(Knut es pariente de un amigo mío que murió hace varios años.

El fue la primera persona a la que me uní con su alma. Usando mi nueva frase que es absolutamente mágica.

"¿Qué se siente el ser uno con el alma en tu corazón?")

Era a él a quien yo llamaba cuando necesitaba ayuda extra desde el otro lado.

Entonces, ¿a dónde van primero cuando están muertos?

Están en un plano intermedio muy igual a la Tierra, pero no están en ningún planeta. Cuando cruzan al otro lado sin ser uno con su alma, van a una especie de escuela para entender la realidad de la Tierra y quiénes son realmente.

Vale, ¿entonces qué tipo de plano y dónde está?

Es un plano energético que es difícil de explicar, pero ya has visto que es parecido a la Tierra, y es para que se liberen del miedo y se sientan más en casa.

Gracias, puedo entender la importancia de eso, querido. Es increíble cómo la mayoría de nosotros tenemos miedo a lo desconocido.

Sí, y deseamos que dejen el miedo, por eso esta etapa intermedia.

¿Como mamá y papá? Vinieron y me dijeron que ya no podíamos vernos.
Papá tenía que nacer en un cuerpo de nuevo, porque yo no conocía todavía esta frase cuando él murió:
"¿Qué se siente al ser uno con el alma en el corazón?".
Así es que tiene que vivir nuevas vidas en la tierra para poder despertar y ser uno con su alma, pero pude iluminar a mi madre.
Ella me dijo que iba a experimentar nuevas realidades y dimensiones.
¿Iba ella entonces a otro planeta?

Si Illia. Ella estaba preparada para mayor sabiduría en un plano superior, gracias a ti, querida.

Sí, y estoy muy agradecida por eso.

Ver a mi madre, usando esta frase mágica, pasar de ser una anciana enferma de 87 años, a convertirse en joven y hermosa en 2 segundos delante de mis ojos, fue para mí una magia.

Eres una maga, querida, y ya es hora de que te des cuenta.

En este último tiempo he empezado a sentirme de más valor por mí misma, y es algo que he extrañado toda mi vida.

Tienes que tener ese sentimiento mas a menudo, Illia, para que puedas hacer cosas aún más grandes a aquellos que te llaman.
Ellos te necesitan, lo sabes.

Sí, pero el miedo me sigue limitando.

(¡Mi alma quiere que viaje llevando mi cuerpo conmigo, cuando alguien pide ayuda! Y muchos llaman a Serafin todos los dias. Hasta ahora, he logrado ayudar a aquellos desde donde estoy viajando

con la conciencia, pero de a poco tendré que viajar
con todo mi ser, en lugar de solo la conciencia.
Y esto me da un miedo increíble, como he dicho antes,
le tememos lo que no conocemos).

**Se irá quitando de a poco en estos meses en La
Gomera querida.**

Oh que bien, lo necesito para poder realizar mis tareas
de la vida de la mejor manera.

**Ya vendrá, pero escúchales y ayúdales lo mejor que
puedas cada día viajando con la consciencia durante
un tiempo.**

Sí, también han habido muchas experiencias muy
fuertes en los viajes con conciencia Seraphim.
¡Increíble lo que podemos hacer, viajando con las alas
de la conciencia!

Eres una maga, querida.

¿Qué? es muy simple. Yo no sé muy bien lo que hago,
pero llego a donde voy, siguiendo la voz cuando me

llaman "Seraphim". La mayoría de los que te llaman, querido, ¿son musulmanes?

Así es, me tienen como un ángel guardián en su religión.

Sí, casi creo que también eres su ángel de la muerte, ¿verdad?

Ángel de la muerte y protector de sus seres queridos.

Sí, muchos piden ayuda para desprenderse de su cuerpo enfermo y seguir adelante.

CINTURÓN DE ORIONES

Nasa

Orión es un cinturón con neblinas muy especiales que están conectadas en energía, pero son partículas separadas.

Ahora no entiendo Serafín, ¿qué quieres decir? ¿Es todo el cinturón de Orión una neblina que es una, pero con partículas separadas?

Así es querida, allí cada uno vive en su propia partícula de neblina.

¿Qué tipo de realidad hay entonces?

Hay una realidad muy sutil, donde muchos se agrupan y crean las partículas que forman el cinturón de Orión.

¿Qué hacen allí? ¿En qué nivel de desarrollo y experiencia se encuentran?

Viven en una masa de partículas con neblina que en realidad son pequeños planetas bebé.

Vaya, eso suena raro, ¿qué quieres decir con eso Seraphim?

Quiero compartir esto contigo, pero quiero pedirte algo muy especial, que me dejes llevarte allí en tu imaginación para que puedas vivirlo tu misma querida, con palabras y términos humanos.

Porque es difícil para mí explicarte sin mostrártelo, así que lo haremos más tarde cuando estés en un lugar más tranquila querida.

Wow, lo estoy deseando ahora, muy emocionante, pero me da miedo.

Esta bien querida, solo dejame guiarte.
Para que llegues allí y vuelvas aquí con seguridad.

El viaje a Orión

Estoy en la playa Las Vueltas, en La Gomera, sentada bajo un árbol y leyendo lo que he escrito. Entonces me doy cuenta de que me he olvidado/atrazado el viaje a Orión.
Entonces Seraphim me dice que me acueste boca abajo.

Tengo a Seraphim a mi lado izquierdo y a Osiris a mi lado derecho, y flotamos hacia fuera.
Me asombro un poco al ver que Osiris viene.

De repente estamos lejos en el espacio y mirando hacia una niebla blanca y lechosa.

Ahí está Orión, dice Seraphim.

"Yo siento que el cinturón de Orión es una unidad, como si los planetas fueran como una costilla en mi espina dorsal. Muy entrelazados con una densa masa blanca a su alrededor.

Es como una unidad Seraphim, todo el cinturón de Orión es una unidad. Como un cuerpo.

Lo es.

Bueno, son planetas diferentes, ¿no es así, Seraphim?

En realidad no Illia, es una estrella dividida.
Mantenida unida por la masa nubosa, comprendes.

Vale, una energía muy especial, casi como leche transparente. Leche líquida.

Masa de leche etérea Illia.

Flotando en un vientre, parece que aún no ha nacido lo siento.

Ahí lo tienes Illia, hay planetas que se han detenido en su nacimiento.

Y sujetos con un cinturón que en realidad es una columna vertebral, de un gigante dormido.
Jeje suena raro, pero así lo siento.

Es correcto lo que intuyes Illia.

Pero, ¿cómo podemos aterrizar allí?

No vamos a aterrizar, Illia. Sólo queríamos que lo sintieras.

De verdad.
La cabeza es el planeta más grande, ¿verdad Seraphim?

Así es, Illia.

¡Vaya, siento que piden ayuda!

Así es, Illia.

Dios mío, ¿es por eso que Osiris está aquí, para liberar el cinturón de Orión?

Eso es, querida.

¿Lo hacemos ahora, Osiris?

Sí, por favor, Illia.

Pero repercutirá en todo el universo, ¿cierto?

Lo será querida, pero es muy importante. Es necesario para el desarrollo, ya ves, lo que vas a hacer hoy.

¿Vas a usar mi voz, Osiris?

Osiris dice:
Lo necesito Illia, necesito eso para que suceda. No tengo que decirlo en voz alta, pero necesito usar tu voz. Es muy importante. Y usa tu voz física, para dar a luz a este grupo de planetas para que realmente despierten.

De acuerdo, Osiris. Te doy permiso para usar mi voz.
Osiris dice muchas palabras, en su idioma, que es
muy hermoso. Como cantar. Veo un ser, despertando.
¿Qué pasará entonces con el cinturón de Orión,
Seraphim?

**Se levantará como un nuevo planeta Illia, se formará
como un nuevo planeta.**

¿Cuánto tiempo tomará?

Unos cientos de años Illia, es lento, ya sabes.

Y ahora agradece Orión, por el regalo de despertar.
No sabía que trabajar en el universo funcionaría,
Osiris...

**Tu trabajo es curar, en todas las dimensiones y
realidades Illia.**
Donde haya oscuridad, allí darás la luz.

Esto es muy fuerte Osiris. Gracias por poder usarme
como herramienta.

Eres la herramienta perfecta para mí, Illia, y que lo sepas.

Sí, lo sé. Lo sé, Osiris, y me siento muy orgullosa.

Soy yo quien se siente honrado, Illia, de tenerte como mentor.
Y de poder ocuparte para hacer realidades en dimensiones y realidades a Illia.
Recuérdalo.

Gracias Osiris y gracias Serafín.
No puedo escribir esto en el libro, ¿verdad?

¿Por qué no Illia?

Está bien, lo pondré en el libro.
¿Ya terminamos con el viaje?

Sí, Illia.
Ahora dejaremos que Orión se fusione y se cree a sí mismo.
Ahora ha despertado de su letargo.

Gracias por este mágico viaje Seraphim. Gracias
Osiris, gracias nuestro Dios/Luz de Amor,
gracias.

PLEIADENE

Nasa

Las Pléyades es el lugar de donde muchas personas sienten que proceden, y es cierto.

La mayoría de los grupos indígenas vivían en las Pléyades antes de venir a la Tierra.

Pero con el pasar del tiempo se han diluido mucho, ya que encontramos amor en diferentes razas. Por eso quedan muy pocos pleyadianos puros en la Tierra.

En las Pléyades viven en una realidad de amor terrestre. Es decir, respeto y amor por todos los seres vivos.

Esto se debe a que en las Pléyades existe una realidad algo similar a la Tierra, pero en un plano energético. Cuerpo energético, cuerpo de luz similar a su cuerpo aquí en la Tierra.

Viven en una simbiosis, donde todo es uno pero todos tienen cuerpos separados. En otras palabras, una vida terrenal similar pero con un cuerpo de ondas de luz en lugar de un cuerpo físico.

También hay otros seres vivos que han elegido adoptar el cuerpo de un animal o un insecto.

Por eso los indígenas tienen tanto respeto por todos los seres vivos, porque saben que puede ser su familia la que encuentren en un árbol, un insecto y todos los demás seres vivos.

¿Qué experimentan allí Seraphim? ¿Están viviendo en un plano similar a Sirio?

No querida, aquí es una vida mucho más separada, donde aprenden sobre cómo se trabajan las relaciones interpersonales.

Cómo interactuar para el bien del todo.
Todavía viven en el amor de todo lo que es, como lo hacían en Venus.

¿Por qué somos tan diferentes aquí en la Tierra?
Venimos de planetas diferentes a una Tierra común.
Debe ser triste para ellos ver cómo contaminamos nuestro hermoso planeta.

Ahora están desesperados, querida, pero antes se las arreglaban solos y vivían en armonía con todo.
Luego vino la raza blanca de Sirio y no tenían sabiduría para vivir porque el ego lo gobernaba todo.
Así es que son mucho más primitivos de lo que nunca han sido los pueblos indígenas querida.

Sí, lo comprendo.
¿Soy siria pura, no, o soy mezcla?

Usted tiene una muy buena mezcla de diferentes pueblos indígenas y la raza blanca.
Tienes genes aborígenes e indios junto con los genes blancos.

Entonces entiendo mejor mi desesperación por la raza blanca. ¿Por qué deberíamos encontrarnos aquí en la Tierra?

Para enseñar a la raza blanca a compartir. Pero ellos pensaban que sabían más, y han destruido mucho a través de los tiempos, entre esos a los pueblos indígenas, pero es por ignorancia.
Recuerden, están aquí para experimentar la vida física, pero están fracasando a otros niveles.

Entonces me pregunto, ¿tenían los indígenas un tipo de cerebro de supervivencia diferente al del hombre blanco?
¿Sentí muy fuertemente que querías que te preguntara eso, querida?

Sí, esto es muy importante.
A los de Sirio, la raza blanca, se les dio un cerebro de un reptil para sobrevivir.
Pero a los de las Pléyades se les dio de un ratón para sobrevivir.
Que genial, eso es importante información querido, así es mucho más fácil de entender la diferencia entre

nosotros. Realmente, esa es la diferencia entre nosotros en pocas palabras.
Fantástico conocimiento el que me has dado querido.

Sí, es bueno saber por qué somos tan diferentes, eso pone las cosas en su lugar.

Sí, ahí tenemos a los ratones que buscan la comunidad y se buscan para reunirse, frente a los reptiles que viven solitarios.
Interesante conocimiento, querido Seraphim. Seguro que muchos reaccionarán a esto con recelo, pero que crean lo que quieran.

Sí, les cuesta mucho creer que tienen un reptil en el final del cerebro, controlando sus deseos. Y luego un ratón para la población autóctona que piensa en reunir a la gente en convivencia.

¿Hay algo más que quiera compartir sobre las Pléyades?

No, pasemos al siguiente salto planetario, las Miríadas.

MYRIADES

Las Miríadas, son desconocidas para mí. ¿Dónde están en el universo?

Las Miríadas son un lugar situado entre las Pléyades y Sirio que rara vez se ven en el cielo estrellado, pero que sin embargo son importantes para los humanos. De aquí proceden los animales que conocemos de los cuentos de hadas, pero también demonios, dragones y unicornios.
Todas las criaturas míticas proceden de las Miríadas.

Qué emocionante, ¿entonces cuando monté en el pegaso, éste vino de las Miríadas para ayudarme?

Así es, querida, tienes muchos amigos de allí. Eres de la Miríada, Illia del origen.

Entonces, ¿qué soy originalmente?

Eres una hermosa dragona querida que ha elegido ayudarnos a salvar el planeta tierra.

Esto es muy raro para mí escucharlo querido, ¡y me siento al mismo tiempo rara y honrada! ¡Así es que no soy un reptil, sino un dragón!
¿De ahí viene mi nombre? ¿Illia, el dragón de luz?

Eso es, querida.

De pronto me sentí muy conmovida, siempre he pensado que los dragones son criaturas aterradoras, pero también fascinantes.

Gracias, Illia, por tomar esto de forma suave. Habíamos pensado que te asustarías, ya ves.

No asustada, ¡sino increíblemente inpactada!
Debo parar ahora para digerir esto.

No, estoy muy curiosa. ¿Es por eso que viajo tan fácilmente en realidades y dimensiones?

Así es.

Esto es muy extraño, Seraphim, pero creo que lo tomo de forma suave...

Casi creí que me iba a asustar, pero es que me pregunto en toda la capacidad que tenemos los humanos en nuestro interior.

Podemos ser lo que deseamos, y estamos compuestos de muchas partes en el mismo cuerpo.

Extraño, pensé, pero me abro para comprender cómo puede ser posible. Pero tengo que decir que me gustaría tener una explicación de la relación de esto y de cómo somos realmente creados? ¿El dragón está en mi cuerpo o en mi aura?

Está igual en tu cuerpo como nosotros, querida.

¿Cómo puede ser? ¿Soy un dragón en lugar de un reptil, que ha nacido en un cuerpo para ayudarte entonces? Necesito una explicación más correcta para esto, querido.

Bien, el dragón se manifiesta en el feto justo antes de nacer. De modo que eres consciente cuando naces de que eres un dragón.

Recuerda que siempre has querido volar, casi has terminado tu licencia de ala delta, ¡querías obtener tu licencia de piloto y volar un globo aerostático! Tu te puedes imaginar volando por encima de los árboles, viendo sus copas y sus nidos.
Es de la vida como dragón que te hace añorar el volar.

Esto es increíble, y es verdad. No tengo necesidad de volar alto, sólo por encima de las copas de los árboles. ¿Puedes explicarme más, querido?

Sí, puedo decirte que buscamos durante mucho tiempo antes de encontrar a la persona adecuada para esta importante tarea.

¿Cómo que buscamos?
Creí que siempre habías sido mi alma, querida, y que Osiris vino después.

Sí, así es, pero mientras estuve viviendo en cuerpos anteriores nos dimos cuenta de que hacía falta algo mucho más fuerte para despertarlos.
Un alma no era suficiente, pues el ego de vuestras mentes se había apoderado de vosotros tan

completamente que necesitabais a alguien con gran poder para despertaros.

¿Así es que todos somos dragones y otros seres?

No querida, sólo aquellos con importantes tareas en su vida.
Necesitábamos a alguien que pudiera conservar lo espiritual durante toda la vida, para así poder despertar y hacerse uno con su alma.

Y funcionó con tu dragón, increíble lo fácil que ha sido trabajar contigo.
A pesar de tu gran miedo que creamos, a lo espiritual.
Esto nunca podría haber sucedido, querida, sin un dragón.
Por eso tienes un dragón como ayudante en tu alma en esta vida, y por eso siempre has visto ángeles.
Porque nunca dejaste el reino angélico por completo, ya ves.
Tu dragón siempre ha estado en nuestra realidad mágica, y ha viajado por las dimensiones contigo.

Es muy difícil digerir esto.

Pero qué otra cosa puedo hacer sino agradecer al dragón por su trabajo bien hecho. ¡Gracias Illia!
¿Y qué hago ahora en mi vida, el dragón se va a casa?

No, querida, tú eres el dragón. Mostrado en cuerpo físico, eres tú querida.
Comprendemos que es difícil para ti verte y sentirte como un dragón ahora que tienes un cuerpo físico.
Pero eres ese dragón, solo manifestado en un cuerpo humano.
Así es que vive normal, no necesitas cambiar nada en tu vida. Pero ahora ya sabes qué cualidades tienes en ti, como regalo de nacimiento.

¿Cuáles son esos dones?

Los regalos son muchos, querida, pero sobre todo que estáis en el reino angélico con nosotros. Y que has logrado tener una confianza total en que todo funcionará para ayudarte a avanzar en el camino de tu alma.

Esto me da dolor de cabeza, ¿será por el dragón?

De alguna manera se ha vuelto mucho más claro en mí después de ayer. Realmente no sé qué me está pasando?
Me siento cambiada, sólo por saber que soy un dragón.

Puedo entender eso querida, ser un dragón es algo mágico ya sabes.

Lo es, ¿cómo?

De alguna manera eres humano-ángel y dragón al mismo tiempo.

¿Cómo me ayuda eso?

Dándote mayor fuerza en tu desarrollo ahora que has asimilado el ser dragón.
Digerirlo de la forma en que lo hiciste es totalmente mágico, querida.

¿No entiendo lo que quieres decir con eso, Seraphim?

Lo que sucede ahora en tu desarrollo es que todo te resultará aún más fácil.

Siempre nos has preguntado qué debías hacer.
Pero ahora te has dado cuenta de que todo sucede por
sí mismo.

En realidad sí, extrañamente, me preguntaba si debía
preguntaros.
Pero entonces me vino un pensamiento/sentimiento
de que debía dejar que solo sucediera.
Y fue tan fácil, probablemente es lo que me has pedido
que haga antes. Sólo es que hasta ahora no había
logrado automatizarlo.
Y me sentí tan bien dejando que las cosas solo
sucedieran.
En el pasado siempre he planeado todo, nada pasaba
por sí mismo. Y fue maravilloso vivir esto, queridos.
Es como si hubiera ganado una paz que ha estado
ausente en en mi, toda la vida.
GRACIAS.

Es bueno oír, querida, que lo sientes, pensábamos que
lo habías logrado hace mucho tiempo. Nos
impacientamos un poco contigo, porque nos dimos
cuenta de que no estabas preparada para ese
automatismo.

Gracias querido dragón por la calma y la fluidez que me has dado. Gracias por ello.
Ahora nos perdimos un poco, querido, ¿ya terminamos con las miríadas?

No, hay mucho mas que contar de sobre allá. Allí las historias de fantasía son verdaderas y todo es posible, y sólo un pensamiento lo logra, tal y como te ocurrió en tu infancia y como lo viviste en febrero montando a tu amigo el león.
Ese día estuviste en las Miríadas, viviendo en el paraíso.
Allí, todos tus amigos espirituales de muchas realidades están disfrutando del paraíso como una estación de espera en camino hacia otras realidades. Aquí son las dimensiones las que importan, donde vivimos en un plano angélico.

¿Qué quieres decir con vivir en el plano angélico?

Bueno, ahí es donde están todos los ángeles antes de decidir viajar a otras realidades y experimentar el cuerpo en diferentes planos de existencia.

¿Así es que ese es nuestro paraíso?

Eso es querida, podemos quedarnos allí todo el tiempo que queramos como lugar de descanso. Si necesitamos tomar más alegría y vigor o entusiasmo por la vida vivida después de la vida en la tierra.

Oh sí, puedo entender eso, qué bueno debe ser llegar allí después de las difíciles vidas en un cuerpo físico.

Sí, entonces necesitamos ese paraíso antes de decidir nuestro viaje posterior. Ya sea a nuevas realidades en otros planetas y nebulosas, o viajando en las dimensiones.

Oh, ahora estoy esperando ansiosamente el próximo planeta. ¿Cual es?

Este es Andromedia.

ANDROMEDIA

Nasa

He oído hablar mucho de este, probablemente hay muchos que estaban allí antes de venir a la tierra.

No, querida, no podréis hacer escala allí hasta que os hayáis hecho uno con vuestras almas. Es una realidad fuertemente caracterizada por demonios y otros seres pesados.
Viajaréis allí para ayudar cuando seáis uno con vuestra alma.

Antes de eso, no podréis hacer nada más que perecer en las energías oscuras.

Suena triste.

Sí, es un lugar triste, para aquellos que están atados a las energías oscuras.
Hay una oportunidad real de crecer en el plano del alma.
Esta es una tarea importante para las almas maduras que han decidido elevar su nivel de energía para que puedan evolucionar de nuevo en seres de luz.

¿Qué quiere decir con seres de luz?

Ángeles querida.

Vale, ¿entonces todos los que son uno con su alma necesitan ir allí para crecer?

No querida, no te preocupes, tu ya has luchado contra demonios y experimentado suficiente de eso ya.

Oh, me gustó oír eso.

Si, es una parada dura, pero las almas eligen la experiencia que necesitan, si no tienen esa experiencia en la tierra como tu querida.

Sí, ha sido duro.

Lo ha sido, pero has dominado la mayor parte, porque eres ese dragón de luz. De lo contrario, no lo habrías logrado sin nuestra ayuda, querida.

Muy bien, ¿por eso trabajo tan fácilmente con las energías oscuras?

Desde luego que sí.

Bien, ¿entonces cuánto tiempo suelen estar en Andromedia?
Pero allí no hay tiempo como en cualquier otro lugar del universo, ¿verdad?

Así es, como ya he dicho, sólo aquí en la realidad física el tiempo se puede contar en horas, días, semanas, meses y años.

Allí viven fuera del tiempo, así es que en tiempo terrestre pueden estar alla 10 a 100 años.

¿Así que el tiempo va rápido allí en comparación, como viajar en las dimensiones?

Así es.

¿Hay algo más que quieras decirnos sobre Andromedia?

No, querida, sólo quería contarte para explicarte las pruebas que les esperan allí.
Para que le digas a los muertos que no iran allí. Así como has salvado almas de la oscuridad profunda.

¿Estaba en Andromedia entonces?

Estabas, querida, salvando a Marianne.

Oh, pensé que estaba bajo tierra.

No, pero el pegaso sólo voló por el último tramo del camino, ¿no?

Sí, así es, querido Seraphim.

Conoces Andromedia y su oscuridad, por eso pudiste ayudarla a entrar en la luz.

Qué lugar tan terrible.

Sí, es el lugar más oscuro del universo.

¿De verdad, querido?

Lo es. Así es que ahora no hay más demonios esperándote querida, porque saben que tú ya has dominado la oscuridad.

Es bueno oírlo Seraphim.

MALUKES

¿Qué planeta o realidad te gustaría compartir hoy querido?

Hoy quiero hablarte de los Malukes.

¿Dónde están esos planetas?

Es un salto estelar, situado en otra dimensión.

¿Qué es?

Es una realidad dimensional como en el plano de la vida en Marte.

¿Qué tipo de realidad tienen allí?

Viven en una simbiosis entre ellos en un plano que los une, tienen algo así como un imán que los atrae.

No pueden ver ninguna separación, pero siguen viviendo en su propia realidad en diferentes planos al mismo tiempo.

¿Cómo podemos entender eso Seraphim?

Piensa en despertar en un sueño, entonces puedes viajar en el sueño más allá. Entonces puedes experimentar un nuevo sueño en el sueño. Así es como experimentan muchas realidades diferentes conscientemente, sin soñar.

Wow, debe sentirse caótico experimentar muchas realidades a la vez?

No, se trata de la habilidad para crear estas realidades. Experimentar las diferentes realidades al mismo tiempo, es decir, sincrónicamente.

No entiendo esto, Seraphim.
¿Puedes explicármelo de otra manera?

Esta es la forma en que puedo explicarlo para que lo entiendas. Recuerda, todo es diferente de aquí, así es que es difícil de explicar con palabras.
Y no hay forma de experimentarlo viajando allí.

Pero, ¿por qué es importante que leamos sobre esto si es tan difícil de entender?

Forma parte de la preparación previa a la Tierra que algunas personas eligen después de Sirio, antes de nacer en la Tierra.
Los que han estado allí hablan a menudo de sueños lúcidos, por eso lo he incluido en este libro.

Entonces comprendo querido, muchos están preocupados con sus sueños Lúcidos.
¿Hay algo más que quieras decirnos acerca de los Malukes?

No, eso es todo a partir de ahora, querida Illia.

SOLEI

Querido Seraphim, ¿qué nos vas a contar hoy?

Hoy quiero llevaros de viaje a una realidad muy especial.

Oh, suena emocionante Seraphim, ¿qué tipo de realidad es?

Es una realidad de muchos colores, como un caleidoscopio.

¿Como los que vi el otoño pasado?

Si. Estuviste allí en un pequeño viaje conmigo durante una meditación, querida.
Allí viste tú hermosos diseños, mandalas y fractales.
La energía de las células en movimiento infinito.
Allí viven en un planeta celular, con muchos tipos diferentes de realidades en un solo planeta.

Vaya, qué quieres decir con realidad.

Allí no hacen nada, ¡son una especie de células en un mandala!

Suena mágico y raro. ¿Cuánto tiempo están en ese planeta y cómo se llama?

Se llama Solei y pueden quedarse allí hasta que estén conformes con la creación de sus hermosas mandalas. Algunos se quedan mucho tiempo y otros se van muy pronto.

¿Dónde está esa realidad Seraphim?

Está más allá del cielo que puedes ver desde aca, en otra dimensión de realidades.
Menciono este planeta porque hay mucha gente interesada en la geometría sagrada. Esta es una geometría sagrada que puedes sentirla, son tus diferentes estados de ánimo.
Te ayudan en un nivel muy alto, por eso la importancia del equilibrio en la mandala es

extremadamente importante, para mantener el balanse en tu cuerpo.

Mucha gente juega con la geometría, pero esto no es ningún juego. Es juguetear con las energías a un nivel muy alto. Así es que las iniciaciones en este conocimiento son muy importantes!

Puedo entenderlo, querido, mientras no se pueda destruir el equilibrio de nuestro cuerpo.
¿Hay algo más que quieras decirnos sobre esto?

No, esto es para aquellos que aman y están muy fascinados por la geometría sagrada y los fractales. Seguramente han formado parte de una mandala, y entonces tienen esos buenos sentimientos en su base de referencia.

¿Qué entiendes por base de referencia Seraphim?

Es tu chakra del corazón, el centro del amor.

Gracias, por interesante conocimiento Seraphim.

MARS

¿Qué quieres decirnos ahora?

Ahora pasamos a planetas más conocidos y sus realidades.
Quiero compartir con vosotros la vida en Marte.

Qué emocionante, me alegro querido.

La vida en Marte es una atmósfera muy especial de sentimientos .
Sentimientos en todos los niveles, que se crean a base de tus recuerdos de conformidad .

No entiendo lo que quieres decir, querido. ¿Es posible explicarlo de otra manera?

Allí viven en el cuerpo a nivel infantil, porque los niños son muy directos.

Allí viven su ira, odio, todo lo que está en sus memoria de la tierra.

No tienen ni idea de su alma en su corazón.

Viven solo de su ego reptiliano, con la conformidad de vivir sus emociones a todos los niveles, pero sin dañar a nadie, solo ellos mismos.

Sus acciones regresan de inmediato y golpean al que los envío, sentimientos. Como un boomerang, el golpe que nadie dio vuelve y golpea a los que enviaron el golpe.

De la causa al efecto en un segundo.

Vaya, qué extraño. ¿Por qué están ahí?

Todavía son muy inconscientes de su alma y de su responsabilidad de crear una buena vida, así es que necesitan estar ese tiempo allí.

Necesitan ese tiempo para despertar y darse cuenta de que esas cosas sólo crean vivencias desagradables y una mala vida para ellos mismos.

Es extraño, pero ¿por qué?

Cuando ayudo a los muertos a volver a casa, uno con su alma. Algunos llevan muertos cientos de años.

Entonces, ¿quién viene a Marte?

Es la gente que tú ayudas, y otros muertos que han encontrado su camino, pero que no tienen contacto con sus almas.

Bueno, ¿así es que alguien a quien ayudo a seguir adelante y no quiere convertirse en uno con su alma? ¿Lo dejo seguir adelante, pero de forma limitada?

Así es querida.

Ahora lo siento triste, pobrecitos. Tendrán una experiencia muy extraña allí.
¿Qué les pasará cuando los golpes vuelvan de sí mismos?
Probablemente se sentirán muy choqueados.

Si querida lo hacen, pero entonces aprenden de sus acciones inmediatamente. Y cambian rápidamente ese comportamiento.
Luego van a la escuela para comprenderlo. Y adquieren comprensión a muchos niveles de sus recuerdos.

Luego viajan de vuelta a la tierra, para poder ver los frutos de su aprendizaje.

Vaya, una realidad extraña.

Sí, lo es, pero debe existir un lugar donde puedan ser libres. Para sentir y demostrar toda su frustración guardada, cuando murieron antes de que volvieran a la Tierra.

¿Puedo entender que lo necesitan!? Pero sigue siendo una realidad muy rara, pero bueno Marte es un planeta guerrero, así es que sí.
¿Es todo acerca de Marte Seraphim?

Eso es todo, querida. Ahora vamos a tomar un descanso hasta el próximo planeta.

ROROTA

¿Qué planeta te gustaría compartir hoy con nosotros, querido?

Hoy quiero llevarlos de viaje por el carro de la memoria.
Un viaje a un lugar donde tienen muchas relaciones y recuerdos.
Es el planeta Rorota.

Nunca había oído hablar antes de el Seraphim, ¿dónde está?

Está al otro lado de una realidad para animales.

¿No lo entiendo ahora?
¿Otro lado de una realidad para los animales?

Sí, querida, allí viven como animales e insectos, con una vida natural y pura, pero sin la naturaleza física. Es una naturaleza espiritual, donde todo son colores

en diferentes tonalidades. Todos los animales e insectos tienen hermosos colores, como en la foto que tienes, donde puedes ver la luz ultravioleta en las flores. Brillan en color y es muy hermoso y sensual. Sienten los colores más de lo que los ven, porque cada tono de color tiene diferentes sentimientos, estados de ánimo de las realidades.

¿Por qué están ahí, querido?

Están ahí para aprender que todos los seres son iguales entre sí, independientemente del color o la apariencia y el cuerpo.
Esta es una etapa intermedia antes de que abandones la realidad física por siempre.
Allí llegas a aprender que todos somos de la misma fuente DIOS. El principio rector del amor-luz. Hay muchos que necesitan estar allí después de haber comido a otros seres durante miles de vidas.
Allí aprenden que todos somos una familia.

Quizás deberían haber aprendido eso antes de una vida en la tierra querido.

No, allí hay una energía mucho más alta que en la Tierra. Así es que allí es donde llegan los que han abierto un poco su corazón, aunque sigan comiéndose a su familia en otros cuerpos.

Bien, ¿hay algo más que quieras compartir sobre la vida en Rorota?

No querida, eso es suficiente sobre Rorota.

Gracias, emocionante, pero no entiendo mucho de ella, pero sigue siendo interesante Seraphim. ¿Hay más planetas que quieras compartir hoy querido?

No, eso es todo por hoy Illia.

PLUTO

Estoy impaciente por saber qué nos contarás hoy,
querido Seraphim.

Hoy quiero compartir sobre Plutón.
Plutón es un planeta mágico, donde se vive en una
extraña realidad con muchas facetas.
Por muchas facetas, me refiero a diferentes realidades
en un mismo planeta.

Necesito más explicación para eso, querido Seraphim.

Por múltiples realidades quiero decir que hay muchos
que nunca ven más de una realidad a la vez. Pero en
Plutón hay muchas realidades.
La realidad más conocida es la física, pero aquí tienen
cuerpos de luz en lugar de cuerpos físicos. Tienen un
hermoso cuerpo de ondas de luz que se parecen a sus
cuerpos físicos.
Mucha gente ve gente de Plutón y piensa que son
ángeles, pero son cuerpos de luz de Plutón que
parecen ángeles.

Pero por supuesto sin alas como los que ves durante el día Illia, cuando ayudas a los muertos a volver a casa. Su realidad está, como he dicho, dividida. Dividida en diferentes zonas, que fluyen entre ellas, pero separadas por las memorias de sus propias realidades.

(Lo que veo cuando ayudo a los muertos a volver a casa son ángeles con alas que vienen a guiarlos al otro lado. Entonces le pregunté a Seraphim por qué tienen alas, porque yo sólo veo ondas de luz alrededor de los ángeles.
Seraphim responde: es para que no tengan miedo cuando vengan extraños a su encuentro).

6-2-21
¿Me contarás más cosas sobre Plutón, querido Seraphim?

Si, es necesario illia para que comprendan lo que se puede aprender allí.

Allí necesitas la ayuda de grandes maestros para poder juntar las realidades, esa es la tarea de tu vida allí.

¿Hay que unir las realidades, o te refieres a ver a través de lo que las separa?

Ver lo que las separa es necesario para poder avanzar a otras realidades.
No pueden seguir hasta que hayan hecho eso.

Entonces, ¿pueden tener varias vidas allí, aunque tengan un cuerpo de luz?

Así es querida, por eso tantas personas piensan que está bien tener muchas vidas aquí en la Tierra. Porque ya están acostumbrados a la repetición de vidas en Plutón.

Así es que los maestros entonces, que se supone que les ayudan a ver el resto de las realidades que viven a su alrededor. ¿Quiénes son ellos?

Hay grandes maestros y ángeles como en la Tierra, querida.

¿Entonces ellos también tienen sus tareas en la vida?
Así como nosotros debemos hacernos uno con el alma y cumplir nuestras tareas de vida.
¿Deben ellos hacer lo mismo?

No muy igual que vosotros, querida, vosotros tenéis un cuerpo muy limitado, que ellos no necesitan experimentar.
Ellos aprenden más de sentimientos y milagros en su realidad, aunque están limitados de ver todo como ES.
Ellos ven con sus sentimientos más que con sus ojos, porque lo que sucede en su realidad está en planos totalmente diferentes al físico. Así que sus referencias son muy diferentes a las vuestras.
Sus referencias son sentimientos temperados y sus vivencias de realidades son en un plano mucho más elevado que el físico.

¿Puedes explicarlo con más detalle Seraphim?

Sí querida, pero creo que igual será incomprensible para ti.
Aunque seas altamente consciente en esta realidad, eres más baja que ellos en lo que se trata de la experiencia. Así es que explicártelo será igual de incomprensible.

Ahora tengo curiosidad, pero creo que me estoy alejando de esa realidad. ¿O ya he estado allí? Siento una sensación de reconocimiento en mi cuerpo y en mi conciencia.

Puedo entender eso Illia, has estado allí en varias vidas, así es que no necesitas esa experiencia de nuevo. Aunque sólo recuerdes una pequeña sensación, ya has terminado en esa realidad.
Está bellamente guardada en las profundidades de tu conciencia, querida.

Todavía siento una extraña vibración de allí, y supongo que tú ayudaste, con el recuerdo de la vibración...

Sí, necesitas vivir las diferentes realidades de una manera suave.
Sólo para que sepas que tienes conocimiento de esto en tu conciencia,

Emocionante Seraphim, toda una nueva vibración desconocida.

Y se pone más emocionante querida, has logrado viajar conmigo y Osiris a varios planetas.
Y habrá más viajes a través de la escritura de este libro.

Estoy emocionada, pero también un poco asustada. Nunca sé lo que voy a experimentar, pero me siento segura bajo la protección de ustedes.

Eso es bueno, porque se necesita una confianza total para poder volver a casa sana y salva cada vez, ya sabes.

No tengo ni idea. Haces lo suficiente para que no tenga que preocuparme.

Lo hacemos, cariño.

Algo más que quieras contar acerca de Pluto?

No, estamos listos con Plutón.

Tan emocionante, ¿cual es el siguiente planeta?

Oh, ¿tienes curiosidad por eso?

Sí, esto es cada vez más emocionante, Seraphim.

Me alegra oír eso querida, me hace aún más contento el compartir mis experiencias de estos planetas.

MORFO

El siguiente planeta del que vamos a hablar ahora es Morfo.

Nunca he oído hablar de Morfo.

Es normal Illia, porque está más lejos de tus constelaciones y planetas conocidos.

¿Así que en otro universo?

En el mismo universo, pero miles de millones de años luz fuera de tu galaxia.

Oh, recuerdo haber recibido una visita de la galaxia Atlas.
Fue una experiencia muy fuerte para mí, querido.

Recuerdo Illia, que estabas muy asustada entonces. Era otoño de 2019, tu creías que ibas a ser invadida por fuerzas oscuras.

Estaba muy asustada. Pero entonces me recompuse e inicié una conversación para averiguar de qué se trataba.

¿Quieres que lo cuente ahora, Seraphim?

No, esperaremos hasta que estemos allá, querida. Verás, vamos a visitar la Galaxia Atlas en un viaje.

Bien, me alegro.

Estaban muy preocupados por la energía en el universo ahora. Dijeron que el miedo se está extendiendo, por todo el universo desde la Tierra a causa del covid.

Sí, son tiempos difíciles para la Tierra y los humanos ahora, querida.

¿De que planeta te gustaria hablarnos ahora Seraphim?

Alégrate Illia, ahora hablaremos del espacio exterior. Todo el mundo está tan fascinado por los UFO que mucha gente siente que hasta ellos SON

extraterrestres. No son extraterrestres en esta vida, por supuesto, pero si han vivido muchas vidas en diferentes cuerpos.

Sí, he tenido visitas de algunos, creo que me ha pasado varias veces.
La única vez fue cuando oí un sonido extraño detrás de mí mientras subía las escaleras de casa. Me doy la vuelta para mirar y lo siguiente que recuerdo es que me despierto a la mañana siguiente. No tengo ni idea de lo que ha pasado ni de si ha ocurrido algo...

Pasaron muchas cosas esa noche illia, pero has tenido muchos encuentros antes de eso, pero lo hemos borrado de tu memoria.

¿Por qué?

Habría sido demasiado difícil para ti recordar lo que experimentaste allí, querida. Porque ese no era un planeta OVNI bueno, en el que estabas en ese momento.

¿Qué hay de los pequeños verdes que me recogieron cuando vivía donde vivo ahora, alrededor de 2004?

Esos eran unos extraterrestres muy primitivos, con un coeficiente intelectual muy alto, aunque eso era todo en lo que consistían.
Nada de sentimientos ni emociones, sólo el desarrollo del cerebro y la conciencia es su objetivo.

Creo que operaron algo en mi cabeza Seraphim, porque yo era consciente a pesar de que no tenía ningun dolor.

Implantaron un sensor en tu cerebro, querida. Pueden usarlo para localizarte en cualquier parte del universo.

¿Por qué necesitan vigilarme?

Es porque tienes una conciencia muy elevada y muchas de nosotros, las grandes almas contigo. Así es que te necesitan para mantener el universo unido.

Que? yo se que Osiris hace lineas a traves de mi, para mantener la tierra en su posicion alrededor del sol. Pero el universo, ¡eso suena loco!

Es una locura illia, pero recuerda que tienes a Osiris como alma de tu tarea de vida. Y él tiene muy, muy alta conciencia. Es un extraterrestre, y viaja por todas las realidades y dimensiones cuando quiere.
Tu has viajado con él a su planeta Sirio.

Sí, fue una experiencia muy especial para mí, porque era la primera vez que viajaba al espacio, según recuerdo!?

Has viajado mucho más con Osiris de lo que te puedes imaginar y comprender querida. Pero no te preocupes, porque todavía te gusta dormir.
Y cuando duermes, Osiris viaja con tu conciencia.

Pero, ¿cómo puede suceder eso? Sueño principalmente con ayudar a la gente a salir de problemas. Rescatándolos de objetos voladores, he hecho eso en varios sueños.

Relájate, querida, no hay nada que temer.

Osiris depende completamente de ti para salvar la Tierra, así que puedes intentar darte cuenta de lo valiosa que eres para nosotros y para todos los demás en el universo.

Si la Tierra muere, la energía negativa se expandera por todo el universo.

Esto tendrá consecuencias que no mencionaremos, porque inmediatamente crearás imágenes en tu cabeza, querida.

Así es que deja esto AHORA, es muy importante. Tu sabes que las imágenes tienen el mismo poder que los pensamientos, ¡así es que déjalos!

Está bien, pero tengo la gran sensación de que nuestras hermanas y hermanos en los universos están muy asustados ahora.

Los humanos lo están llevando todo a lo primitivo ahora.

Covid está causando miedo en todo el planeta tierra, incluso en otras galaxias notan la desarmonía, Están pasando cosas muy malas aquí.

Así es querida, por eso tendemos a molestarte querida maestra?

Me siento muy angustiada.
Desearía poder aprender las cosas mucho más rápido, pero mi inconsciencia la he tenido muchos años. Así es que la práctica hace al maestro, pero la práctica de la conciencia no ha sido mucho tiempo.

Lo podemos hacer juntos, querida, porque cuando estás totalmente consciente, eres una maga.

Me resulta muy molesto con todos los muertos en el aura que me hacen distraerme, en lugar de elegir el estar en aquí y ahora.
Pero ahora me desconcentre, ¿borro esto querido?

No, es importante que la gente lea sobre tu lucha por ser consciente. Porque la mayoría de la gente es muy inconsciente sobre sus decisiones a lo largo del día. Y esto ha creado un muro frente a su intuición, lo que hace aún más difícil escuchar y seguir su intuición.

Sí, me sentí muy triste cuando te oí a ti o a Osiris decir eso.

Fue Jesús quien te contó eso, querida.

Me cuesta recordar quién dijo qué, porque se mezcla con mis conversaciones con todos vosotros a lo largo de los días.

Y son muy hermosas nuestras conversaciones, querida. Así es que ponte los auriculares y haz como si hablaras por teléfono todos los días. Entonces podremos darte aún más sanación, para que podamos movernos más rápido y a nivel más alto en tu conciencia, querida.

Lo haré querido Seraphim.

Hoy es luna nueva y estoy acostada en mi hamaca en la playa escribiendo.
A mi lado, alguien está tocando su tambor metálico plano.

Bien, Seraphim vuelve a Morfo.

Háblame de Morfo. ¿Suena emocionante?

Es un lugar muy emocionante, querida, algo fuera de lo común. Allí viven como extraterrestres pero con cuerpos casi como nosotros. Se parecen un poco a Osiris, pero con un aspecto más humano aunque tengan la piel blanca.
Su realidad consiste en colecciones de energías en su conciencia como flores de todos los colores.
¿Ahora no entiendo lo que quieres decir Seraphim?

Es difícil de entender querida, así es que nos iremos de viaje allí ahora.

Bueno, pero estoy en la playa con un montón de gente, ¿es posible?

Sí, siempre te relajas mejor cuando no estás sola, querida.
Porque así sabes que recibirás ayuda si pasa algo.
¿Me acuesto en la hamaca o en la playa?

Acuéstate en la hamaca y finge que hablas por teléfono durante todo el viaje. Explícalo por el camino para poder escribirlo después, cariño.

Bien, allá vamos. ¿Hay algo en particular en lo que deba enfocarme?

Concéntrate en la respiración profunda y continua.

Seraphim y Osiris me toman de cada mano, Osiris de la mano derecha y salimos de la playa hacia el cielo. Veo unas nieblas allá lejos Seraphim.

Vamos mucho más allá de ellas querida.

Veo algo extraño, ¿creo que es un agujero negro?

Lo es, y hay muchos de ellos.

¿Qué son realmente los agujeros negros?

Son aperturas, Illia.

¿Aberturas a otras realidades o dimensiones?

Aberturas a otras dimensiones.

Ahí veo muchos más, en fila.
No todos son negros, algunos también son blancos.

Muchas son blancas illia, pero no son tan visibles como las negras.

Probablemente sea más fácil ver las negras, sí.

Así es querida.

¿Ahora es como si me hubiera topado con un conejo?

Es la membrana de un nuevo universo, Illia, universos distintos del tuyo.

¿Nos deslizamos a través de ella?

Sí, ¿no lo sentiste?
Sentí como si respiraras profundamente, Illia.

Sí, lo sentí. Son muchas capas, ¿Capa sobre capa?

Atravesaremos cinco capas.

Están tan juntas, ¿cómo pueden haber otros universos?

Los juntamos para ti, Illia.

Qué fuerte.

Ese era la idea de los tambores, ya ves.

Lo entiendo, realmente me están llevando en esa dirección.

Lo hacen, cariño.

Ahora estamos en la tercera capa y algo extraño me pasa aquí, lo siento.
Es como si estuviera en un especial estado de ánimo o sentimiento completamente diferente. Un nuevo marco de referencia, en cierto modo.

Has entrado en un estado que afecta a tu cerebro. Relájate, todo está seguro y bien.

Sí, siento eso.
Una energía tan diferente, que no puedo explicarlo.
Siento un dolor en la cadera, ¿quizás estoy acostado un poco torcida?

La última capa la sentí realmente Seraphim, como una membrana de gel. ¿Una capa de agua espesa en cierto modo?
Una capa etérea, oh, hay mucho rosa aquí Seraphim. ¿Ahora estoy en una realidad rosa, pero no hay planetas aquí?

No Illia, no es un planeta al que vamos, es solo ser al que vamos.

Ahora todo mi cuerpo se estremece.
Así que he entrado en un nuevo estado de ser, en un universo completamente nuevo. El universo Morfo, me duele en mi brazo también, las energías son muy fuertes aquí.

Aquí tienes mucha curación Illia.

Eso suena bien.
Ah, siento como que me estoy derritiendo en un delicioso amor rosado.
Siento que mi corazón quiere llorar. Es como si hubiera vuelto a casa de una forma, pero no es mi casa, es mi hogar.

A un nivel Illia, es tu hogar, porque has estado aquí mucho, por eso recuerdas este lugar.
Un lugar con sólo amor Illia.

Escucho mi voz volverse completamente diferente.
Cada vez me es más pesado hablar.

Sí, aquí no hay dimensión para la conversación, Illia.
Al menos no con una voz física.

Lo noto Seraphim, lo noto porque hablo muy despacio.
No consigo entender lo que me está pasando.

Aquí, no pasa nada illia.

¿No?

Aquí no pasa nada, porque solo venimos a llenarnos de amor illia.

Qué bonito, Seraphim.

Es una dimensión compuesta de amor, Illia. Si hubieras estado aquí hace un año, el amor habría sido mucho más fuerte.
Habrías reaccionado mucho más fuerte y te habrías puesto a llorar antes de entrar.

Por la influencia de la Tierra, las dimensiones también son afectadas Illia, con su energía.

Qué triste.

Poe eso este libro sobre los planetas y sus realidades Illia es muy importante, ya lo ves.
Para que los humanos dejen de anhelar el salir, y aprendan el estar completamente aquí. E ir allí después, en vez de hablar que son extraterrestres.

Todos han sido extraterrestres muchas, muchas veces.

Fue bueno escuchar que el libro es importante para los humanos Seraphim.

Sí, necesitan saber esto, ya ves, que entiendan cómo sus pensamientos negativos afectan al resto del universo.

Así que el universo Morfo es un universo de amor. ¿Los universos están ubicados como nuestros chakras, hay siete universos?

Hay muchos más universos Illia.

Entonces, ¿cómo es en lo más alto?

No podemos hablar de eso, porque está mucho más allá de lo que tu eres capaz de entender, ya ves.

Bien, gracias.
Es fascinante estar aquí, y puedo sentir mi cuerpo tomando curación, Seraphim y Osiris.

Soy yo quien te trajo a este viaje, Illia.
Osiris vino contigo como tu apoyo en este viaje, tu
seguridad.

Gracias Osiris, gracias Seraphim por esta experiencia
mágica.
Me siento como estar dentro de un gran globo lleno de
amor rosado.
No es muy grande este universo.

No, hay muchos, muchos universos que son mucho más
pequeños que en el que vives, ya ves.

Sí, sentí que la galaxia Atlas que estaba conmigo era
bastante pequeña.

Así es querida.

¿Hay algo más que deba aprender aquí?

No, querida, sólo queríamos que sintieras el amor, ya
sabes.

Gracias, Seraphim.
¿Estamos listos para volver a casa?

Lo estamos, querida.

Oh Dios, fue muy rápido, siento que todo mi cuerpo hormiguea. Como si nos hubiéramos deslizado fuera de las dimensiones, o a través de las capas de los universos.

Lo hicimos Illia, acortamos camino en el viaje de vuelta a casa.
Pronto estarás de nuevo en la playa, Illia.

Sí, puedo sentirlo.
Es como si llevara un trozo de amor en mi corazón...

Es un regalo de la galaxia para ti, Illia.

Gracias Seraphim y Osiris y gracias galaxia Morfo por el hermoso regalo.
Oh, ahora estoy de vuelta en la playa.
Esta fue una experiencia muy fuerte, gracias.

Revelación:

Un día en 1997 cuando estaba en fisioterapia psicomotriz, sentí una gran tristeza. Era como que tenía unos 6 años, y sentí que no merecía el amor de Dios.

Sabía de dónde venía ese sentimiento, de niña iba a la escuela dominical justo debajo de donde vivía. Me sentía una pecadora y, por lo tanto, ¡no merecía el amor de Dios!

Decidí caminar a casa los pocos kilómetros que me separaban del centro de tratamiento para sacarme de mi cabeza esta creencia.

Allí caminé y me repetí la frase de que por supuesto que merecía el amor de Dios, porque no es algo que tengas que ganarte, si no que es para todos nosotros. Cuando me acerqué al lugar donde iba a la escuela dominical, fue como si dos grandes manos salieran de las nubes y me revelaran una luz dorada de amor. Todo lo que vi fue creado por esta luz de amor.

Antes pensaba que el asfalto no era algo positivo, pero allí vi que incluso el asfalto estaba creado por esta luz dorada de amor. Todo era luz de amor viva. El aire también era amor y respiramos amor con cada aliento.

La luz dorada de amor estaba llena de pequeños arco iris que me sonreían.

Esta experiencia fue tan fuerte que todavía siento el amor y la luz. Después de esa experiencia sé que estoy respirando amor, y no he estado deprimida ni triste después de esa experiencia.

Así es que gracias padre, madre, Dios, el principio rector del Amor que me llena, y a todo lo demás en nuestra tierra.

(Mi alma me ha dicho después que los pequeños arco iris somos nosotros los ángeles cuando hemos terminado de viajar en planetas y realidades y estamos de vuelta en el altar).

MANNA

¿Qué nos vas a contar hoy querido?

Hoy quiero compartir contigo, el plan de nacimiento.

¿Plan de nacimiento? Dios mío, ahora tengo mucha curiosidad Seraphim, dime.

No seas tan impaciente querida, ya viene, ya lo ves.
Este es el planeta de la manifestación corporal.
Comenzamos como los seres de luz que has visto en la
Luz Divina del Amor, y ahí es donde algún día
regresaremos.
Pero en este planeta/conjunto de energía es donde
pasamos de ser seres de luz a ángeles.

¿Qué tipo de lugar, de planeta es este? ¿Es un planeta o es un plano?

Este es un cúmulo de energía de amor, que está
mucho más allá de cualquier cosa de la que hayáis oído

hablar, querida. Allí está como la guardería de los ángeles.

El lugar no tiene nombre pero lo llamamos Maná.

Maná es nuestro lugar de nacimiento, donde somos creados de luz a cuerpo angelical.

Este es un proceso que toma mucho tiempo, ya que todo necesita ser estructurado.

De ser un ser de luz a convertirse en un cuerpo de luz.

El proceso se crea en maná líquido, es decir, creación etérea líquida-líquida de luz y amor.

¿Por qué nos cuentas esto Seraphim, necesitamos saberlo? Es bastante incomprensible, al menos para mí.

No hay necesidad de entenderlo, querida, sólo debes saber que todos somos Dios. Juntos o individualmente, todos somos Dios.

Pensé que nos manifestábamos en cuerpo con la palabra de Dios, ¿igual que con los universos?

No querida, esto se supone que es una parte individual del todo.

Todos somos diferentes, y por lo tanto toma mucho tiempo manifestarnos.

Todos tenemos nuestro lugar perfecto, en la entidad con características y habilidades muy específicas. Por eso toma mucho tiempo.

Los seres que vi en la luz del amor de Dios eran todos individuales. Así es que ya allí somos diferentes unos de los otros.

Sí, querida, pero llevar esto a las estructuras de un cuerpo toma tiempo, querida.

Bien, gracias. ¿Algo más que quieras decirme hoy, querido?

Me siento cansada después de esta canalización.

¿Era de muy alto nivel, creo?

Te comprendo muy bien por estar cansada, porque yo te metí en la energía.

Sí, sentí algo de la creación allí. Me siento cambiada en un plano.

Lo haces, querida, porque recuerda que cada vez que te canalizo, recibes sanación.

Sí, lo siento muy bien hoy querido, gracias

URANO

¿Qué planeta te gustaría compartir hoy querido?

Hoy quiero compartir un planeta Bebé.

Planeta bebé, ¿qué es?

Es un planeta muy joven, el más joven que tienes en tu sistema solar.
Es el planeta Urano, ¡es el último planeta que nació del sol! Es un planeta muy especial, con muchos gases y calor, pero con vida.

¿Qué tipo de vida hay, Seraphim?

La vida allí es el planeta de los gases, y son todos gases que tienen conciencia. Y su conciencia consiste en unir al planeta en un todo.
Como dije, podemos vivir y trabajar para mantener unida una estructura planetaria. Eso es lo que pasa aquí.

Estamos aquí para reunir todo el material que está flotando en el aura de Urano para que se una en la totalidad del planeta.

¿Así que estás flotando en gas para reunir el planeta en un todo? ¿Cuánto tiempo puede durar un proceso así?

Dura miles de vidas terrestres, querida, pero el tiempo es relativo. Así es que aquí puede parecer que sucede rápido, pero para vosotros dura miles de vidas terrestres.

Entonces las almas/ángeles eligen involucrarse en mantener unido al planeta, reuniéndolo en una unidad.

Sí, y es bastante emocionante, porque esto depende de la cooperación total de cada uno y de todos y sus conciencias. Un trabajo muy importante que se deleitan en hacer.

¿Quiénes van allí y por qué?

Se elije esa experiencia querida, para experimentar la cooperación total entre las almas.

Algo más que quieras decirnos acerca de Urano Seraphim?

No, ya hemos terminado con Urano, pero me gustaría decirte algo.
Tu trabajas muy bien durante el día, querida, y entiendes mis palabras claramente y bien, en cuanto yo las digo.

Sí, yo lo noto, casi como si nuestra unidad comienza realmente al segundo de la canalización.
¿Es como si escribieras y hablaras al mismo tiempo?

Lo entendiste muy bien querida, soy yo el que escribo por ti.

Sí, pensé que era un poco extraño, porque cuando escribo esto, pienso antes de escribir.
Pero cuando canalizas, se convierte en uno. Escribo mientras escucho tus palabras, y no hay pausa entre tus palabras y lo que escribo. ¿Extraño?

No es extraño querida, somos uno. Y ahora sientes la unidad, mucho más directa.

Sí, es una experiencia poderosa. Gracias por hacer tan fácil la canalización contigo querido Seraphim. Me doy cuenta de que estoy más en el aquí y ahora.

Ciertamente lo estás, Illia.

No me había dado cuenta hasta que me lo has señalado.

Tenía que decírtelo para que pudieras saberlo.

Querido Seraphim, gracias.
Ahora canalizas y escribes al mismo tiempo, no sé cómo lo haces. Controlas mis dedos mientras dices tus palabras, mágico. Va tan rápido que al IPads le cuesta seguir el ritmo.

Sí, somos mágicos juntos, querida.

LA MORAL

¿Qué te gustaría contarnos hoy Seraphim?

Hoy quiero compartir con vosotros una realidad mágica.
La Moral es el nombre del lugar.

Es un lugar donde creas tus deseos por segundos. Allí prosperas, pero te puedes quedar atrapado en la creación en lugar de la energía en la que realmente estás en ese lugar.

Es un espacio para la creatividad que está entre las Molucas y otro sistema solar muy lejano.
Allí creas las más asombrosas creaciones e invenciones con el poder creativo de tu mente.
Es un lugar de práctica antes de que te ilumines y puedas manifestar lo que los humanos necesitan para sobrevivir.

Eso es lo que necesito aprender ahora Seraphim, ¿he estado allí? Siéntelo.

Eras una maestra allí Illia, y todavía tienes ese poder creativo en ti. Pero siempre has dudado de que cualquier cosa que hagas sea lo suficientemente buena, relacionado con tu falta de autoestima.
Así que nunca has podido ser lo suficientemente libre en tu creatividad querida. Pero ahora la tienes ya que necesitas ayudar a la gente, en todo el mundo.

Sí será bueno, pero todavía no me siento preparada para hacerlo, y no sé por qué...

Lo sé querida, recuerda que soy uno contigo y conozco todo sobre tus sentimientos de inferioridad. Es tan triste para nosotros darnos cuenta, cuando sabemos lo gran maestra que eres querida.

Comprendo y siento tu desesperación a menudo, junto con mi desesperación.
Haber vivido como víctima de acoso escolar crea una autoimagen increíblemente baja y realmente lucho por sentirme lo suficientemente buena. Y eso se aplica a

todos los niveles, espero que ustedes mis almas sabias internas puedan ayudarme con eso queridos. Rezo por poder sentirme segura de lo que decís que soy.

Estamos trabajando con eso todo el tiempo querida, y ahora realmente está tomando forma en estos días. Así es que sigue adelante y visualízate como una maestra y así se pondrá en su lugar.
Tu dejas que todos te guíen, a pesar de que tienes la sabiduría más alta en la tierra en este momento querida.

Parece que no puedo aceptar nada de eso, algo/alguien sigue deteniéndome.

Sí, los muertos y las fuerzas oscuras están luchando contigo ahora querida, mucho más que antes. Porque ahora entiendes, estás lista para tu transformación, y comienzas a moverse hacia el espacio donde se te necesita.
Las almas te están llamando desde toda la tierra querida.

Soy capaz de ayudar a la mayoría de ellas, que están llamando con viajar con mi conciencia.

También me doy cuenta de que ahora es el momento de mover mi cuerpo a otros lugares. Aunque todavía me da mucho miedo y es una experiencia desconocida para mí.

¿Me gustaría que tú/vosotros me llevarais a un viaje en el que yo hiciera esto en otro planeta? ¿Es posible hacerlo?

Podemos querida, eso es ingenioso. Para que veas que es seguro y dejes que tu cuerpo se traslade.

¿Viajamos ahora entonces? ¿Para que podamos canalizar sobre ese lugar al mismo tiempo?

Podemos, querida, entonces la Moral será nuestra próxima parada.

Vale, me vuelvo a la cama.

Cierra los ojos y relájate, Illia.

Nos veo que nos levantamos de la playa y tomo a uno en cada mano. Seraphim a mi izquierda y Osiris a mi derecha.

Viajamos lejos, más allá de las nebulosas. Más allá de muchas estrellas, estamos viajando lejos.

¿Pasaremos por algunas de esas divisiones Seraphim?

Lo haremos.

¿Vamos a atravesar algunas dimensiones?

No, vamos a otro universo, Illia.
La moral es todo un universo aparte. Un universo mágico.

¿Hay planetas?

No, no son planetas. Más bien conciencias flotantes, con gente en ellos. Seres como humanos en ellos.

Conciencia flotante como seres humanos en ella, eso suena emocionante. ¿Así que se mueven de conciencia en conciencia, flotando de conciencia en conciencia?

Puedo sentirlo temblando en mi cuerpo Seraphim. Es de alguna manera, no sé cómo explicarlo... Es como una esponja, veo muchas almas en esas esponjas.

Son masas vivas Illia, como cerebros vivos. Es un poco como cerebros, y todo el mundo tiene cerebros Illia. Pueden conectarse a la conciencia y al poder creativo del planeta. Y crear lo que quieran a partir de la masa del planeta.

Así que cuando creas cosas en la Tierra, creas a partir de esa masa. Así que es muy importante que crees lo que se necesita y no algo sólo por diversión. Porque eso crea muy mala energía en las masas.

Es tan triste, todos quieren tanto, pero no saben de qué se crea.
Así que cuando aterricemos aquí, ¿vamos a movernos a otra masa de conciencia?

Necesitamos saber a dónde vamos, y hay una masa amarilla a la que iremos Illia. Ahora estamos en la rosada y vamos a la masa amarilla de conciencia.

La vemos allí, ¿verdad? La veo allí.

Bien, Illia, relájate.

Es tan simple como ves, es mucho más simple de lo que puedes comprender, moviéndote en el tiempo y en el espacio. O al menos en el espacio cuando necesitas hacerlo, no en el tiempo sino en el espacio.

Te trasladaremos al espacio de la masa amarilla ahora. Cuando damos un paso adelante, Osiris y yo sabemos que estamos en la masa amarilla porque es allí donde queremos ir. Ahí es donde tenemos la intención de ir. Nuestra voluntad crea que lleguemos allí. ¿Y tú irás allí con nosotros, Illia?

Me encantaría. Aunque me da mucho miedo, me gustaría.

Entonces daremos el primer paso a la masa amarilla, para que veas la masa amarilla delante de ti Illia. Entonces damos el primer paso.

¡Oh! ¿Por qué estoy saltando así Seraphim?

Estás aterrorizada, Illia.

Entonces, ¿de qué tengo miedo?

No lo sé, Illia, pero ahora estás en la masa amarilla. Espero que te des cuenta de que ahora estás en la masa amarilla.

¿Así que ese salto fue toda la transferencia?

Eso es, cariño. Ese salto en tu cuerpo fue toda la transferencia, pero el salto fue creado por tu miedo. No fue creado por el salto, porque no saltamos. Caminamos al siguiente lugar con un paso. Pero sabemos que es posible. No puedes creerlo, querida, que es posible.

Es difícil de creer.
Entonces, ¿hay aquí una creencia que pueda eliminar, en la humanidad? ¿Que no es posible que el cuerpo se mueva en el espacio? ¿Porque estás diciendo que es una ley universal, que podemos llevar el cuerpo a donde queramos?

Es, querida, una ley universal muy simple. Sólo tienes que conocer que existe esa ley.

No lo creas, pero conócelo.

Y ahora sabes que es posible, porque acabas de hacerlo.

Oh, sí, puedo sentir un hormigueo por todo mi cuerpo, muy extraño.

Extraña realidad en la Moral, como planetas esponja de diferentes colores. Crean cosas, de la masa de esponja de los planetas.

Es muy importante que creen lo que necesitan Ahora que sabemos que la energía se extrae de otra cosa en nuestra creación.

¿Hay algo más que quieras decirnos acerca de la Moral?

No, lo importante era comprender la creación. Cómo transformamos algo en lo que necesitamos.

Gracias por el viaje mágico y la experiencia de trasladar el cuerpo. Así que trabajaré para pasar de la creencia al conocimiento.

Es muy importante, querida, y ahora has visto lo fácil que es.

Sí, lo es.
¿Te gustaría hablar de más realidades hoy, Seraphim?

Me encantaría querida, si puedes hacer más sanaciones. ¿Notas todo el tiempo que cuando hablamos te transformas en energía superior?

Si, puedo sentirlo querido, es muy agradable el ser sanada.

VILLNA

Ahora quiero saltar a un nuevo conjunto de planetas, llamado Villna.
Se trata de un conjunto de planetas en el espacio exterior, adonde van los animales salvajes cuando se extinguen de la Tierra.

Pobres animales.

No, querida, son reemplazados en este planeta, porque la energía cambia y entonces la fauna cambia también, querida.

¿Ah, sí? Eso es un nuevo conocimiento. Todo el mundo está tan desesperado que la diversidad está disminuyendo.

La diversidad está disminuyendo sobre todo a manos de los humanos, y está creando una mala energía en la Tierra. Pero algunos seres están listas para abandonar la Tierra, porque el clima y la energía ya no les convienen. Así que eligen extinguirse y venir a Villna.

Allí pueden seguir viviendo, en su propio paraíso. Sin la influencia del medio ambiente y de otros seres. Hasta que hayan aprendido lo suficiente sobre su cuerpo animal y sus ciclos vitales.

¿Hay personas que eligen probar cuerpos animales queridos?

Ciertamente las hay, recuerda que todos venimos de la misma creación.
Una vida como insecto, árboles, arbustos, flores, humanos y animales.
Todo se elige entre las vidas, basado en el deseo y la necesidad de experiencias.

Suena emocionante. Recuerdo que una vez viví la experiencia de convertirme en uno con un escarabajo. Era una vida de trabajo para asegurar la supervivencia, casi al mismo nivel que nosotros, pero en otro tipo de cuerpo.

Sí, sólo hay una diferencia entre la experiencia macro y micro.

Nosotros somos grandes y ellos son pequeños, pero recuerda que también experimentamos ser dinosaurios hace mucho tiempo.

Suena emocionante, pero probablemente preferiría estar en un cuerpo humano...

No lo sé, porque la vida será casi igual. Al menos en lo que se refiere a la supervivencia del ego.

¿Hay algo más que quieras decirnos sobre el planeta Villna?

No querida, sólo quería pasarme para contarte un poco sobre nosotros en otros cuerpos.

Gracias, es maravilloso saber que tienen su propio salto planetario.

UTOPIA

Hoy quiero llevarte a un viaje muy especial, a un planeta llamado Utopía.

Ya había oído ese nombre antes, pero pensaba que era una tierra de fantasía...

Es la tierra de la fantasía o el planeta de la fantasía.
Es donde creamos nuevos animales, insectos y plantas.

Vaya, suena precioso.

Sí, es un lugar mágico querida, sólo los maestros de la creación van allí.
Para traer nueva vida a la tierra.

¿Así es que estás en un lugar y sólo creas nueva vida para la tierra?

Sí querida, necesitamos y disfrutamos entre trabajar contigo en forma física. Entonces durante unos años, en tu tiempo, viajaremos allí para crear nueva vida.

Fantástico, espero estar allí después.
Cuando me sienta conforme de estar en la tierra, y haya terminado con la tarea de mi vida.

Puedes, querida, porque tienes una gran capacidad creativa que se expresará en belleza en Utopía.

Gracias, qué emocionante.

ATLAS GALAXIA

¿Qué te gustaría compartir hoy con nosotros, Seraphim?

Hoy quiero compartir con ustedes un secreto del espacio exterior.

¿Te refieres a otros universos?

Sí querida, de este universo es el que te visitó, la galaxia Atlas.

Oh, no puedo esperar a oír hablar de ellos. Después de todo, vinieron a visitarme y me pidieron ayuda. (Dijeron que el miedo de covid se está extendiendo por los universos y querían que les siguiera a casa con el amor de mi corazón).
¿Necesitaban mi amor, para encontrar su camino de vuelta Seraphim?

Si querida, estaban completamente perdidos. Después de viajar por los universos no pudieron encontrar el camino de vuelta a casa. Siempre siguieron la energía del amor, pero no pudieron encontrarla de nuevo.
Por eso acudieron a ti en busca de ayuda, querida.

¿Qué se siente al vivir allí?

Allí viven casi como nosotros, pero en una atmósfera mucho más ligera. Así que la gravedad no existe allí. Así que pueden flotar en el aire o estar en el planeta.

Cuando los conocí, sentí que tenían casi el mismo cuerpo que nosotros...

Lo tienen, querida, pero mucho más ligero, más etéreo. La apariencia de su cuerpo es similar a la nuestra y visten ropas ligeras.
Existe un equilibrio total, no hay frío ni calor. Hay completa armonía en todos los niveles, por eso te pidieron ayuda.
Perdieron el camino del equilibrio, por el que solían viajar para encontrar el camino de vuelta a casa. Pero tú sabes lo desesperados que estaban, querida.

Sí, estaban aterrorizados y perdidos en una gran tristeza.

Es correcto lo que sentiste querida.

Su universo está muy afectado por las emociones de aquí la tierra. Eso es porque realmente viven en completa armonía en todos los niveles.

¿Fue su nave lo que sentí entrar en mi aura?

Así es querida, ellos no salieron cuando estuvieron contigo, sino que hablaron en tu corazón.

Me asusté mucho cuando sentí su energía filtrándose en mi aura y en mi cuerpo.

Puedo entender eso querida, has sido intentada ser poseída por la oscuridad tantas veces antes.

Sí, pero esta fue la energía más intensa que he sentido, sentí que se deslizaban en mi aura y todo el camino hasta mi corazón y mi cuerpo.

Puede que no estuvieran tan cerca, pero para mí fue realmente aterrador.

Lo entiendo, querida, nosotros también lo sentimos, pero queremos que seas lo más consciente posible sin nuestra ayuda.

Sí, está bien, querido.
Las pruebas surgen todo el tiempo. Quieren poner a prueba mi conciencia todo el tiempo, y no pueden ayudarme. Porque entonces no aprenderé a confiar en que puedo dominar esto por mí misma. Así es, en los últimos años ha habido pruebas y pruebas todo el tiempo. Es para probar mis habilidades, supongo, para ver qué puedo dominar...

Absolutamente cierto querida, y realmente eres una gran maestra en la mayoría de los niveles querida.

Gracias, ojalá pudiera sentirlo yo misma. Pero todo es tan fácil para mí, así que veo todo con una facilidad natural.
¿Por qué es así Seraphim?

Ahi lo tienes querida, eres una maestra iluminada lo sabes, aunque no puedes sentirlo tu misma.

Ok, supongo que lo soy, pero estoy luchando por integrarlo.
Muchas gracias queridas almas, por la ayuda que me dan en mi crecimiento.

Recuerda querida, tu eres la persona mas importante para nosotros en este momento en todo el universo.
No es por nada que Jesús está contigo todo el tiempo, aunque lo ignores totalmente.
Eres tan sensible a nuestra magia que lo alejas por completo.

Lo siento muchísimo, pero aún no he conseguido dejar atrás el miedo.

Lo sabemos cariño, somos pacientes contigo cariño y hacemos lo que podemos para aliviar el miedo cada día.

Sí, ahora es mucho más fácil que en 2018, cuando te tenía mucho miedo.

Imagina tener miedo de ti mismo, de tu propia alma.

Sí, nos cerramos y te asustamos demasiado cuando eras niña querida.
No sabíamos lo primitivo que es aquí en la tierra.

Te perdono por todo esto, querido.
Ahora me he dado cuenta de algo en lo que no había pensado antes.
¿Por qué he olvidado perdonar mi miedo?
Ahora, me suelto y perdono el miedo.

Se volvió fuerte para mí querida, tan hermoso cuando siento que lo suelto.
Qué maravilloso, querida, que nos perdones por todo lo que te infligimos.
Todo fue para mantenerte en la tierra y que no volvieras a casa.

(Del libro "Mi viaje desde el acoso al amor".)
De vuelta a la Galaxia Atlas, querida. ¿Qué puedes experimentar y cómo evolucionamos allí?

Allí se trata de las emociones en diferentes niveles de realidades.

No entiendo, ¿qué se entiende por eso?

Les gusta crear buenas vibraciones para los demás.
Saben que todos somos uno y quieren complacer a los demás todo el tiempo.
Porque entonces ellos mismos son felices cuando ven que los demás son felices.
Son como tú, querida, quieren lo mejor para todos.
Entonces los egos aqui en la tierra vienen y crean palabras que no son las que tu deseabas.
Porque todos tienen una mente tan grande con todo lo que eso conlleva en términos de almacenamiento de masa de pensamiento.
Tu ya no tienes pensamientos propios que se repitan, así es que oyes enseguida cuando alguien entra en tu aura para moldearte. Entonces puedes detenerlos y ayudarlos a hacerse uno con todo, antes de que se adhieran a tu aura con fuerza.
Esto hace que sea mucho más fácil llevarlos a su corazón para que puedan seguir adelante.

Libres para la vida después de la vida como un ego en la tierra.

Sí, es un hermoso regalo ayudarles, igual que yo estoy sentada aquí y ahora saludando a las almas de los humanos.
Es increíblemente hermoso cuando el alma a la que saludo dentro de su corazón es vista por primera vez en miles de vidas, como tú dices.

Ahí eres una verdadera maga querida, hay muchos ahora que se están acercando a su ser en su corazón porque les has hecho conscientes de que pueden ver.

(Del libro "Uno con mi alma").

¿Es eso lo que está sucediendo Serafín? ¿Sienten que es más fácil conectarse con su alma después de haber visto y hablado con ella?

Así es querida.

Oh ahora fui tocada, tan hermosamente. Y lo hago todos los días, y ellos se conmueven cuando los saludo por segunda vez.

No recuerdo el alma de la persona que he saludado antes, así que nos decimos hola otra vez.

Qué hermosos encuentros con los grandes ángeles y maestros que todos somos.

¡De repente un día, vi a sus ángeles como grandes seres con un pequeño cuerpo físico en el centro! Estaban tan felices de ser vistos y me enviaron tanto amor que el centro de mi corazón chirrió.

Y ahora lo volví a sacar a la luz.

Va a ser tan bonito cariño, todo el mundo necesita escuchar esto ya sabes.
Así que me encantaría tener todo lo que hablamos en este libro querida.

Gracias Seraphim, pero ¿crees que quieren escuchar tanto sobre mi viaje espiritual entonces?

Ellos necesitan saber lo que pasa en la vida de una maestra, querida. Para que ellos mismos puedan de a poco puedan comenzar el camino de su alma, que esta esperando y que ellos se den cuenta de sus habilidades.

Gracias. ¿Hemos terminado con la Galaxia Atlas?

No querida, ahora recibo un saludo de tus amigos de la galaxia Atlas. Están muy agradecidos por el amor que les diste que aún lo sienten en la galaxia.

Pero querido, ¿cómo es eso posible?
Los envié a casa con mi conciencia de amor y nada más. ¿No entiendo este Seraphim?

Oh querida Illia, tienes unos poderes increíbles. Y tal vez sea mejor que no te des cuenta de lo grande que es tu fuerza del amor.

Te saludan desde el corazón de todos y te agradecen humildemente tu ayuda, y se disculpan por haberte asustado.

Al fin y al cabo, sólo ven tu luz de amor, y no se dieron cuenta hasta que estuvieron contigo de tu miedo.

Esta bien y diles de vuelta que los quiero a todos.

Ellos lo saben querida y lo sienten todo el tiempo.

¿Qué, no entiendo nada querido?

No, no es fácil entender un poder tan grande del corazón, pero acepta el agradecimiento. Es realmente de todos sus corazones desde allí en la galaxia Atlas.

Te dijimos hace un año querida, que tu aura cubre todo el universo. Eso puede ser difícil de creer para ti, pero así es la naturaleza de ser un maestro iluminado Illia.

LOS MOLERACLES

Bien, Seraphim, estoy lista.

Gran Illia, hoy voy a hablarte de un conjunto
planetario que está muy, muy lejos. No es visible
desde nuestro cúmulo estelar.
Es el Moleraks, es un conjunto estelar con muchos
planetas pequeños que están conectados en una masa
de energía. Por masa de energía me refiero a una
masa de luz.
Allí están como pequeñas estrellas todas juntas,
viviendo allí como parte de la nebulosa.
Hay muchas pequeñas estrellas en el conjunto estelar,
miles de almas son cada una su propia estrella. Así es
como vives allí, como una pura estrella brillante.

¿Es eso también algo que elegimos para nosotros
mismos, Seraphim?

Lo es, Illia, lo eliges por el deseo de ser una estrella en
el cielo, de brillar y mostrar el camino a los demás.

¿Cuánto tiempo existimos como una estrella?

Varía mucho, porque los deseos de las almas son diferentes. En realidad no son diferentes, pero algunos se satisfacen rápidamente con sólo ser una luz, mientras que otros necesitan más tiempo para estar conforme con este ser.

Puedo entender eso, es casi como ser parte de un planeta, pero solo en lugar de mantener un planeta unido en comunidad?

Lo es, querida, pero se trata de una responsabilidad mucho mayor. Tú eres la estrella, y no puedes solo dejar de ser la estrella. Su ciclo debe completarse.

¿Qué quieres decir con eso, Seraphim? ¿Dijiste que eligieron cuánto tiempo ser la estrella?

Sí, pero hacen esa elección antes de convertirse en estrella.

Bien, entonces esa elección tiene que ser hecha antes de que uno sea creado como la estrella, y colocado en el cielo. ¿Suena raro, cariño?

Sí, es difícil para ti entender esto, pero todo es una elección.

Sí, tú lo dices, y yo lo he experimentado, pero seguir adelante con la elección no siempre es fácil...

No, pero estas elecciones las hacen ángeles y no humanos en ego querida.

Por supuesto que sí, y entonces estás listo para tomar la tarea que has decidido hacer en un nivel mucho más alto de conciencia.

Así es Illia, por lo que la elección es clara y fácilmente tomada por uno mismo.

Pero, ¿qué ocurre cuando se acaba el tiempo que has elegido, cuando la estrella muere?

No muere como se piensa aquí en la Tierra, sino que queda inactiva hasta que otra persona vuelve a residir en la estrella.

¿Qué, suena extraño Seraphim?

Sí, lo sé, querida, pero hay muchas estrellas ahí fuera sin conciencia. Que puedes elegir y devolver a la vida.

¿Cómo diablos hace la estrella para mantener su posición sin conciencia?

Sé que suena improbable Illia, pero la estrella está en su órbita consciente o no.

Ya veo, entonces entiendo, ¿casi?

No pienses demasiado en ello, porque no es un conocimiento que necesites para adquirir la comprensión de este conjunto de planetas.

¿Vas a contarme más sobre los Moleraks?

No, ya hemos terminado con eso y pasamos al siguiente.

MORIA

Ahora quiero compartir una nueva experiencia
queridos.

¿Qué tipo de experiencia es Seraphim?

Es un viaje a Moria.
Moira es un planeta-salto de sustancia completamente
diferente. Es un planeta-salto con cristales.

Wow, suena hermoso, Seraphim.

Son muy hermosos Illia, todos los colores y formas son
diferentes. Casi como fractales con estructuras
cristalinas, como cristales con doble terminación. Estos
están muy, muy lejos, en una nebulosa a miles de
millones de años luz, en un universo completamente
diferente.

¿Qué ocurre en ese planeta salto?

Estamos viajando allí ahora querida, para que puedas tener una experiencia allí.

¿Nos vamos ahora? ¿Mientras estoy sentado aquí en el aeropuerto con un montón de gente?

Claro cariño, tu viajas muy fácilmente , asi que esta bien.
Sólo cierra los ojos y síguenos a Osiris y a mí.

Estamos viajando hacia el exterior y a través de indicios de 5 universos, antes de llegar a los cristales flotando en una energía verde.

Hay miles de cristales diferentes que componen todo este universo. Todos son diferentes formas cristalinas de geometría sagrada.
Y de repente me doy cuenta de que hay un ángel dentro de todos ellos. Es una experiencia muy poderosa, y reconozco a un ángel de la vida que estoy viviendo ahora.
Una experiencia muy fuerte. Entonces, ¿por qué quieren experimentar ser un cristal querido?

Quieren experimentarlo para aprender que la geometría sagrada es realmente algo sagrado y no algo con lo que se juega.

Ahora lo entiendo, claramente.

Bien, querida, porque es importante saber lo que estás haciendo cuando estás jugando con cosas fuera de tus conocimientos.

La Luna

Nasa

¿De qué quieres hablar ahora, Seraphim?

Hoy quiero compartir un poderoso ser con ustedes querida, y esta es nuestra Luna aquí en la Tierra.

¿No ha surgido antes?

No, esperé con ella, tú tienes una relación muy agradable con la diosa de la luna Serafa querida,

así que tenemos que decirte cómo la energía está allí también.

Me alegra escuchar sobre Serafa.

Sí, Serafa es una diosa mágica y su atmósfera también es mágica. Allí viven en simbiosis con las fases lunares dentro de sus relojes.

Relojes, ¿qué quieres decir con eso Seraphim?

Campanas que suenan en los ciclos de las fases lunares. Como una advertencia a nuestro universo de que las cosas están sucediendo a medida que cambian las fases. ¿Profundidades/cráteres en la luna funcionan como un instrumento?
Creo que todo el mundo ha oído hablar de las campanas de la luna.

No recuerdo haberlas tenido Seraphim, ¿suena extraño?
¿Qué hace la luna con esos cráteres de campanas?

Se utilizan para abrir los ciclos de luna nueva, ne y llena.

¿Suena extraño querido?

Sabemos que suena extraño Illia, pero creo que tú ya has oído hablar de los relojes lunares antes.

Creo que he oído hablar de los relojes lunares, pero no entiendo cómo pueden afectar a la luna nueva y llena...

Influyen en las energías de la luna nueva y llena cuando la luna choca con la tierra, envía una onda sonora que resuena con la frecuencia de la tierra.

¿Es para que la tierra sea consciente de los ciclos?

Ahora lo pudiste comprender, querida.
Es importante para que todo lo que vive en la tierra puedan ser conscientes de los movimientos altos y bajos de la marea y de otras energías.

Ahora suena lógico querido.

Es bueno escuchar que fuiste capaz de comprender esto querida.

Me pareció una tontería y pensé que alguien me había engañado haciéndome creer que eras tú. Pero ahora, me doy cuenta de lo importante que puede ser para otros seres vivos saber cuando suceden grandes cambios en la tierra. Mágico esto Seraphim.

Sí, hay mucha magia en los universos, querida.

Sí, realmente la hay.
¿Vas a compartir más sobre la luna?

No, esto es lo que es más importante entender.

Gracias.

TOLORA

¿Qué nos vas a contar hoy Seraphim?

Hoy quiero compartir con vosotros un lugar muy especial.
Es un universo de causas provocadas por vuestras emociones.

¿Qué quieres decir con eso, querido?

Tus emociones son energía pura, que se envía hacia fuera antes de ser devuelta a ti como causas.

Pensé que habíamos escrito sobre esto antes, ¿Sera?

No, eso era sobre la creación de tus pensamientos. Este es un universo completamente diferente que recibe y refina tus emociones.

¿Suena cada vez más extraño para mí?

Eso es porque esto es completamente desconocido para la mayoría de ustedes en la Tierra querida.

Siento como si me arrastraras hacia algo querido, me mareo.

Traté de darte una experiencia de una emoción, pero te molestó.

Me siento muy incómoda. ¿Qué ha pasado?

Te di una experiencia del sentimiento de sentirse perdido.

¡Sí, fue fuerte! ¿Por qué me diste esa experiencia querido, para qué puedo usarla?

Este es un sentimiento que es común en casi todas las personas en la Tierra Illia. Se sienten perdidos aquí en la Tierra.
Eso es porque a un nivel recuerdan que no son de aquí. Y no entienden la vida aquí, aunque hayan vivido aquí miles de vidas.

Creo que la mayoría de la gente ha reprimido este sentimiento en muchas vidas...

Lo han hecho querida, por eso os hablo de esto para que podáis trabajar con ese antiguo sentimiento, para poder continuar en vuestro viaje en los universos.

Bien, entonces entiendo por qué me diste esa experiencia queridos. ¿Hay algo más que quieras decirme sobre ese universo?

Sí, querida, y aún no he empezado.

Je je, lo siento. ¿Cómo se llama ese universo?

Se llama Tolora.
Este es una esfera de energía muy especial. Nadie vive allí, pero tus sentimientos crean películas que se reproducen allí y vuelven a ti como acontecimientos de tu vida.

¿Qué quieres decir con acontecimientos Seraphim?

Cuando tu energía emocional sale de ti, llega a Tolora, antes de que esa energía vuelva a ti en forma de acontecimientos. Tú creas tus experiencias con tu energía y, por supuesto, con tus creencias. Este lugar es el planeta de creación de tu energía emocional.

¿Cómo recibimos nuestras emociones de vuelta a nosotros?
¿Se convierte en un acontecimiento o en una experiencia emocional?

Recibes tus propias emociones creadas, como las películas en tus sueños. Para que entiendas dónde, estás atascado en tu desarrollo en el plano emocional.

¿Entonces no creamos eventos en la realidad física?

No, los recibes como sueños.

En mi primer libro dijiste que los sueños son mensajes de nuestra alma sobre lo que necesitamos mirar y dónde estamos atascados en nuestras emociones.
¿Es ésta una explicación más completa?

Lo es, querida, una explicación mucho más completa. Mucha gente habla de sueños lúcidos, y ellos mismos los han creado en esta realidad energética. La cual es luego reproducida para que ellos aprendan sobre sus sueños lúcidos y sus emociones.
Pero la mayoría de la gente no logra adquirir la comprensión, de ahí mi explicación de esta realidad.

Gracias, ¿hay algo más que se necesite y se cuente sobre este universo?

Eso es todo desde allí querida.

Bien, ahora estoy emocionado por ver de qué me vas a hablar ahora, ¿querido?

URANO

Ahora pasamos a un planeta estar mucho más familiar, el planeta Urano.
Urano es un planeta muy especial, donde todo se mueve en espirales y círculos.

Vaya, creo que mucha gente tiene contacto con Urano. Sigo encontrándome con gente que me habla de espirales que se mueven a su alrededor. Y participan en una meditación conjunta en la que se les dice que vean una espiral a su alrededor y la creen en su aura. ¿Es bueno participar en eso?

No querida, este es un planeta muy orientado a la mente, con muy poco amor pero lleno de control. No es una buena energía en la que se pueda participar. Es importante entrar en tu cuerpo cuando llega esa energía, para que no quedes atrapado en la espiral. Esta es una espiral de energía muy limitante, donde atrapan y alejan a los egos del contacto con su corazón/alma.

Oh, que terrible querido. Yo misma tuve contacto con esa energía espiral a finales de los 90. Nunca tuve ganas de entrar en contacto con esa energía, pero la vi todos los días durante un período de muchos meses. Nunca tuve ganas de entrar en ella.

Hicimos lo mejor que pudimos querida para alejarte del foco de la energía espiral.

Gracias por eso mis queridas almas.
Que hay de los 5 ritos tibetanos, alli el primer ejercicio es dar vueltas, y los musulmanes tambien bailan vueltas y vueltas.

Esto es a un nivel mucho más simple querida, que se trata solo del cuerpo y no de la energía.
Por eso les decimos esto ahora, porque ahora mucha gente está siendo atraída por la energía espiral.
Así que estén en guardia, recuerden que todos ustedes nacen con una luz interior divina, y esta es una luz que pueden contactar y usar para sanarse solos.
Recuerden que esta es la única luz que necesitan para crecer y convertirse en la gran alma/ángel que son detrás, fuera de la caparazón/cuerpo físico.

Sí, me diste un mensaje claro sobre esto cuando empecé a canalizar.

Me visitaron varias luces que querían entrar en mi cuerpo, pero tú me dijiste que no, que no era una luz importante.

Recibí la luz rosa como un regalo de Vileda, la Diosa del Sol. Pero fuiste tú quien me pidió que me abriera a esta luz, y es la única luz que me has pedido que acepte. Gracias por toda tu consideración".

Tu eres muy importantes para nosotros, querida, así que no podíamos dejar que te tomara la luz de otra persona.

Todos ustedes son un gran ser de luz, así que por favor recuérdenlo ahora.

Es muy importante recordar esto ahora, de lo contrario la tierra y la raza blanca se extinguirán.

Así de importante es que contactes con tu corazón/alma. Repito esto porque es Alfa Omega ahora, para la Tierra y tu supervivencia.

Sí, ahora veo almas todo el tiempo querido, después de que me dijiste que puedo ayudar a los humanos a conectarse con su alma más fácilmente.

Es un trabajo muy importante el que estás haciendo Illia.

Sí, lo entiendo mejor ahora, después de que empecé a ver las almas y lo grandes que son. Dentro de su cuerpo/campo energético está nuestra caparazón físico que la mayoría de la gente piensa que es lo único que son.
Fue muy triste Seraphim, cuando lo experimente la primera vez.
Que pequeño y sin importancia es el cuerpo en el gran esquema de las cosas.

Sí, sabemos que fue una experiencia muy fuerte querida, pero es importante que vean la imagen completa y no sólo la cara en los corazones de los humanos.
Tu estás mucho más en el reino angélico ahora, querida, de lo que puedas comprender con tú percepción física de la realidad.

Por cada vieja desconfianza, prejuicios y convicción
que limpies de tus creencias, estarás más lista
para experiencias espirituales más fuertes, querida.

Sí, noto mi desarrollo muy fuertemente en estos días.

**Lo notamos en ti querida, y nos alegramos por eso. Te
estás acercando más y más a la unidad perfecta con
nosotros ahora, así que espero que puedas entenderlo
y no te preocupes.**
**Necesitamos que te vuelvas más unísono con nosotros
para que viajes más fácilmente con nosotros en tus
aventuras. Entonces no tendremos que decirte lo que
tienes que hacer, porque solo sucederá por sí mismo.**

Todavía me da un poco de miedo, pero también siento
emoción. Creo que al final lo conseguiré, y seré un
alma libre en unidad con todo y en todo momento.

**Nos alegramos por ese tiempo cuando llegue, cuando
realmente podamos hacer milagros en la tierra
querida.**

Recordad que somos grandes maestros que estamos con vosotros, para que en unidad podamos levantar a la humanidad a una nueva era de amor y unidad.

Suena hermoso querido Seraphim.

Será muy hermoso cuando fluyamos en perfecta unidad con el Todo y hagamos unidad con todo en el Todo.
Recuerda querido que tienes el espiritu santo en tu cuerpo que te eleva en alas de angel cada vez que haces contacto y hablas con el espiritu santo.

Si, puedo sentirlo, por eso huyo del espiritu santo.
Probablemente todavía tengo algo en mi aura que me mantiene con miedo a la vida espiritual.
Trabajo con mi desconfianza todos los días, pero hay tanta gente en mi aura que quiere mantenerme con miedo.

Así es querida, pero cada día disminuye más. Estás trabajando muy bien estos días, querida, en ayudar a aquellos que te mantienen con su desconfianza a volver a casa en sus corazones.

Es bueno escuchar Seraphim, yo también lo siento,
cómo se está haciendo más fácil estos días.
¿Hay algo más que quieras decirnos acerca de Urano?

No, hemos terminado con Urano.

VARSO

Ahora estoy muy emocionada .. por lo que viene...

Hoy quiero compartir con vosotros vuestro planeta madre.

¿Qué quieres decir con mi planeta madre?

Es el planeta donde pasaste tu primera vida como cuerpo.

Vaya, qué emocionante, querido Seraphim.

Es un lugar muy emocionante Illia, donde pasaste mucho tiempo antes de elegir viajar a otras experiencias.
Es el planeta Varso.
En Varso vives en un cuerpo de luz rodeado de un aura que es visible para todos. Así que todo el mundo sabe todo de todo el mundo.

No hay secretos para los demás, ya que todos ven los pensamientos y sentimientos de todos en forma de colores en el aura.

Suena hermoso, querido.

Sí, es una experiencia muy hermosa, en la que todos somos iguales, independientemente de sus pensamientos y sentimientos.

¿Quién elige estar en ese planeta y por qué?

Los que eligen estar allí son los que están muy abiertos en su centro del corazón y no tienen necesidad de creerse otra cosa.
Por eso eres una persona tan franca y honesta, Illia.
Allí aprendiste la importancia de la honestidad, de atreverte a decir lo que piensas sin importar el resultado.
Por eso eres nuestra maestra en esta vida ya ves, porque sigues siendo la persona pura sin máscaras ni papeles con los que viven la mayoría de los demás.

Nunca he entendido muy bien cuando los demás hablan de que cuando están con ellos o ellas se comportan diferente que cuando están con otra persona?

Supongo que no he sido capaz de verle sentido a sus roles, por eso cuando me hablan de sus roles solo me siento triste.

Creen que tienen que ser así o asá con los demás. Para mí es como si no fueran lo suficientemente buenos consigo mismos, ¿es así?

"Así es, cariño, pero tú nunca te has sentido lo suficientemente buena en nada en esta vida. Por lo tanto, nunca has sentido que eras lo bastante buena de todos modos, y no te has molestado al comprender los papeles de los demás.

Es bueno, verás, es mucho más fácil para ti ser libre cuando estás libre de roles. Porque, ¿quiénes son en realidad? Viven toda su vida con sus cambios de papeles, así que un día no saben quiénes son detrás de todos los papeles.

Así que es un planeta honesto, donde toda deshonestidad se desperdicia porque todo el mundo lo sabe todo de todo el mundo.
Echo de menos ese planeta, porque por eso me he creído todo lo que dice la gente, ¿no?

Por eso menciono este planeta querida, para que entiendas por qué te tomas en serio todo lo que te dicen.

Gracias querido, fue bueno para mí entender por qué soy como soy.
¿Hay algo más que contar sobre Varso?

No querida, era sólo para que lo reconozcas.

Gracias, querido Seraphim.

ANDROMEDENO

Hoy quiero compartir con ustedes un cúmulo planetario muy especial en el espacio exterior. Es el cúmulo planetario que ustedes llaman los Andromedanos.

Los Andromedanos están en el espacio exterior, lejos de la nebulosa.
Allí viven en casas tipo colmena, con un cuerpo alienígena similar al de Osiris. Hay una gran diferencia, y es que su cabeza es enorme.
¿Recuerdas la película ET? Ese es el tipo de cuerpo que tienen allí. El cuerpo parece físico, pero está hecho de un material completamente diferente al de la Tierra. El cuerpo está compuesto de bloques de construcción a nivel celular. Parece completo, pero si se mira con un microscopio se pueden ver claramente como bloques de construcción.
Allí viven centrados en la unidad de los procesos de pensamiento por el bien de todos. Crean todo lo

que necesitan a partir de los mismos bloques de construcción.

¿Por qué nos hablas de este cúmulo planetario, querido?

Es porque muchas personas van allí cuando mueren, pertenecen allí y regresan allí después de su muerte en la vida física.

¿Cómo sucede eso?
Bueno, yo les ayude a entrar en sus corazones para que viajen como almas.

Estas personas no son las mismas a las que ayudaste illia, ellos viajan directamente a casa, a sus cubos. Es por eso que muchas personas sienten que han perdido a sus seres queridos mucho más fuerte que otros, porque no toman contacto después de que han muerto. Simplemente se han ido.

¿Así que hay mucha gente de este cúmulo planetario que nace entre Sirios y Pleyadianos?

Los hay, querida, pero nadie los ve o sabe de esto. Suelen ser personalidades muy difíciles, con su mente muy despejada, pero que son incapaces de asentarse en un mundo físico.

¿Estoy pensando en los que padecen autismo, Asberger y otros síndromes? ¿Son estos los niños y adultos que vienen de allí?

Esa es la cuestión, querida, lo menciono para que los padres y sus familias no sientan que han hecho algo malo.
Y cargan su problema sobre sus hombros, porque no pueden vivir una vida física normal. Porque vienen de su vida en colmenas donde todo tiene su lugar.

Que triste, pobres, debe ser duro para ellos estar aquí en la tierra...

Lo es, querida.

¿Por qué vienen aquí?

Es para darles una experiencia de un tipo de personas muy especiales y diferentes, que se necesita para aprender a aceptar que somos diferentes pero, con el mismo valor.

Entiendo la importancia de eso, porque nos resulta muy fácil juzgar a los que se destacan.

Mucho querida, sois una raza muy sentenciosa. La raza blanca, en particular, juzga fácilmente a los demás, y eso es porque se creen especiales en comparación con los demás.
Tiene que ver con el cerebro reptiliano, mientras la raza blanca viva sólo de su mente, juzgará/señalará a otros con apariencia y comportamiento diferentes.

Gracias, ahora me doy cuenta de lo importantes que son.
Para hacernos despertar y comprender que solo nos juzgamos a nosotros mismos, experimentar lo mismo para ganar comprensión.

Muy cierto Illia.

CREACIÓN de REALIDAD

¿Qué quieres contarnos hoy Seraphim?

Hoy quiero llevaros de viaje a través del tiempo y del espacio, al espacio exterior del tiempo y de la realidad.

Vaya, eso suena emocionante querido, ¿qué clase de lugar es ese?

Es un lugar donde todo nace, se crea a partir de la causa y el efecto. Como en un embudo, aparece la nueva creación.

Los humanos tenéis una imaginación increíble, así que en lugar de viajar dentro de vosotros mismos, creáis nuevos universos con vuestra imaginación.

Vaya, ¿estamos haciendo eso Seraphim? Suena increíble.

Pero has oído que sois grandes creadores, querida.

Sí, pero no pensé que pudiéramos crear nuevos planetas y realidades.

Tú y todos los cineastas sabéis muy poco sobre vuestras capacidades para crear, pero tenéis que despertar ya. Ha llegado el momento de estar dentro de vosotros mismos y no crear tanto que no necesitáis o sobre lo que no tenéis control.

Oh, suena duro.
¿Realmente estamos creando nuevos planetas y todo con nuestra imaginación, lo que luego empuja a los demás planetas más juntos?

Lo estáis haciendo, y este es un conocimiento importante para vosotros, queridos. Para que puedan seguir adelante y crear el paraíso para ustedes mismos aquí en la Tierra.

Lo entiendo, querido, es bastante trágico.

Lo es, pero hasta que no os deis cuenta de lo grandes creadores que sois, continuará sin fin con vuestras creaciones vacías.

¿Cómo podemos detener esto, querido?

Este libro es muy importante.

Ahora lo entiendo, más y más cuanto más me lo cuentas Seraphim. Gracias, ¿hay más que contar sobre esto?

No, era importante contarlo, pero no quiero contar más porque no quiero crear más de esta energía.

Lo entiendo querido.

SERA

Un planeta que aún no hemos mencionado es el planeta maravilla Sera.

Sera es un hermoso planeta con un nivel de energía similar al de Júpiter, pero diferente por el aura de arco iris luz que lo rodea.

Allí vivimos en simbiosis con todo y recibimos todo el alimento de todo. Respiramos la misma masa/energía de modo que todos somos uno pero con cuerpos energéticos separados.

¿Qué o por qué estamos allí? ¿Qué queremos aprender?

Estás ahí para experimentar esa vida como un cuerpo, no importa qué tipo de cuerpo tengas, todos son igualmente valiosos sólo que en diferentes planos de existencia.

¿Hay algo especial que quieras contarnos sobre Sera querido?

Sólo lo que os he contado, para que sepáis que hay muchos planetas y realidades para vivir y experimentar.

ROSARO

¿Qué nos dirás hoy Seraphim?

Hoy quiero compartir un nuevo planeta que acaba de nacer en vuestro universo.
Es invisible para vosotros, pero también tenéis un impacto en este planeta con vuestros pensamientos y sentimientos.
Así que es importante que te des cuenta de la influencia que tienes sobre todo lo que hay en tu universo.

Comprendan que necesitamos escuchar esto queridos, porque la mayoría de las personas son muy aficionadas a sus sentimientos y pensamientos, y olvidan las grandes almas que realmente son detrás de los pensamientos y sentimientos.

¿No entiendo muy bien por qué nuestra energía crea tal desequilibrio hacia el exterior en nuestro sistema celeste? ¿Puedes hablarnos un poco más de ello?

Me encantaría, porque realmente necesitas comprender tu gran poder de influencia.

Así que cuando una persona se siente triste, ese sentimiento envía vibraciones en su campo energético del cuerpo.
Y sabemos que los campos de energía de las personas pueden medir muchos metros. Así que imagina cómo se propaga al vecino, y a las personas más cercanas y así sucesivamente hacia fuera en los campos de energía.
Hemos dicho antes que todo es parte del todo, la energía de amor de la que todo está creado. Así que todo se propaga a todo.

Creo que ahora los científicos se han dado cuenta y han experimentado que todo está conectado, y han empezado a hablar de ello.
La comprensión de que afectamos a todo el universo con nuestra energía es probablemente más difícil de

digerir. Pero, ¿cómo podemos conseguir que los que no piensan alternativamente comprendan esto, querido?

Ya es hora de que despierten y reciban nueva sabiduría y sean capaces de comprender sus acciones a todos los niveles.

Espero que este libro llegue también a aquellos que pueden abrirse a pensamientos mayores, querido Seraphim.

¿Está terminado el libro?

Sí, querida Illia.

Será un libro muy emocionante de publicar.

Gracias por todos los viajes mágicos a los que me habéis llevado.

Gracias queridos todos mis ayudantes en el camino de la tarea de mi vida en unidad con el Todo. Mi vida se ha convertido en un viaje mágico en realidades con este libro y los otros libros.

Quiero agradecer a una persona en particular, que me ha acompañado en este viaje mágico desde que comenzó en 2018.
Sin sus palabras: ¡oh tan emocionante! Probablemente me hubiera costado mucho seguir adelante por todo el miedo que me daban para mi vida espiritual. Donde yo he dicho: oh dios mío, qué miedo, ella ha dicho: oh que emocionante. Y realmente he logrado superar gran parte del miedo a mis experiencias espirituales.

No dudes en hacer cualquier pregunta a Seraphim.
Mi correo electrónico: aandevokter@gmail.com.

Quiero compartir los libros que han sido importantes
para el desarrollo espiritual en mi vida.

"Vida y enseñanzas de los sabios de oriente 1-4",
Baird T. Spalding
"Vida y enseñanzas de los maestros del lejano oriente
1". Esto es gratis para leer en línea, y audiolibro en
youtube.
La lectora es muy agradable.

"Viaje a la naturaleza". Michael J. Roads
¡Gracias Michael por elevarme a la naturaleza/unidad
y al mundo de Pan!

© 2025 Illia Haugerud
Editorial: BoD · Books on Demand,
Calle de Manzanares, 4, 28005 Madrid,
bod@bod.com.es
Impresión: Libri Plureos GmbH,
Friedensallee 273, 22763 Hamburg (Alemania)
ISBN: 978-84-1373-998-4